उत्तर आधुनिक समय और मार्क्सवाद

उत्तर आधुनिक समय और मार्क्सवाद

सुधीश पचौरी

वाणी प्रकाशन

वाणी प्रकाशन

4695, 21-ए, दरियागंज, नयी दिल्ली 110 002

फ़ोन : +91 11 23273167 फ़ैक्स : +91 11 23275710

शाखाएँ

अशोक राजपथ, पटना 800 004, बिहार

कॉफ़ी हाउस कैम्पस, महात्मा गांधी मार्ग, इलाहाबाद 211 001, उत्तर प्रदेश

महात्मा गांधी अन्तरराष्ट्रीय हिन्दी विश्वविद्यालय, वर्धा 442 001, महाराष्ट्र

www.vaniprakashan.in
marketing@vaniprakashan.in
sales@vaniprakashan.in

UTTAR- AADHUNIK SAMAY AUR MARXWAD
by Sudhish Pachouri

ISBN : 978-81-8143-918-5
Criticism

प्रथम संस्करण 2009
आवृत्ति 2019

मूल्य : ₹ 395

आर. टेक ऑफ़सेट, दिल्ली-110 095 में मुद्रित

वाणी प्रकाशन का लोगो मक़बूल फ़िदा हुसेन की कूची से

भूमिका

इस उत्तर समाजवादी समय में इस लेखक के मन में यह द्वंद्व हर क्षण प्रस्तुत रहता है कि उस मार्क्सवाद का क्या हुआ, उसके 'समाजवाद' का क्या बना जो कल तक पूंजीवाद का एक विकल्प मात्र ही नहीं था बल्कि वह एक पक्का साबुत सहारा, एक ध्रुव था।

वह बिला गया बिखर गया। समाजवादी व्यवस्था चरमरा गई। पूंजीवादी व्यवस्था और भी दुर्जेय सी बनकर समक्ष हुई है। बची समाजवाद व्यवस्थाएँ भी नए पूंजीवाद से घनिष्ठता बढ़ाने लगी हैं। यत्र-तत्र कम्युनिस्ट पार्टियाँ, उनके नेता जो कल तक विश्व के अंतर्विरोध को यथातथ्य, मुकम्मिल सक्रिय मानते थे और अपनी समझ को हर बार सही सिद्ध चलाते थे, उनके पास किसी 'स्ट्रेटेजिक' की जगह टेक्टीकल समझ का सहारा ही बचा नजर आता है। एक पुख्ता विचार का इस कदर ढीला हो जाना और सबके मन में गहरी टीस पैदा करता है जो उससे प्रेरणा पाते रहे हैं, और आज भी जिनके दिमाग की नसों में मार्क्सवाद की क्लासीकल बिजलियाँ कभी-कभी कौंध पैदा कर जाती है। यह लेखक उन्हीं में से एक रहा है। आज भी है।

और सारी समस्या यहाँ से शुरू होती है जब आपका मार्क्सवाद आप से, अपने से बाहर के मार्क्सवाद से सवाल पूछ बैठता है—क्या हुआ? जो था वह अब क्यों नहीं है? फिर यह भी कि क्या जो था वह हमेशा हमेशा बना रह सकता था? क्या स्वयं मार्क्सवाद नहीं कहता कि चीजें बदलती है, बदली जा सकती हैं? तब, अपना मार्क्सवाद स्वयं क्यों न बदलता?

सच, इस बदलाव की ऐतिहासिकता से अनजान बने रहने वाले या तो किशोर विलाप-प्रलाप कर सकते हैं या, मेरा टेसू यहीं अड़ा' गाते रह सकते हैं। लेकिन सब ऐसे नहीं हैं न हो सकते हैं।

ऐसे अनगिनत हैं जो इस पराभव से व्यथित हैं, क्षुब्ध हैं और प्रतिक्रियायित हैं। उनके आगे बहुत सारे सवाल मुँह बाए खड़े होते रहते हैं।

अपने देश में कम्युनिस्ट पार्टियों का विचार-व्यवहार, अपने समूचे और शेष आत्मविश्वास के साथ यह भी जताता रहता है कि अब 'गजनवी' में वो 'तड़प' नहीं है! चीजें हाथ से बाहर निकली जाती हैं। 'एक कदम आगे' जाने के लिए पाँच कदम पीछे लौटना पड़ रहा है। नई बातों, नई चीजों ने उन्हें चक्रित पगबाधित किया है। उनके भीतरी अंतर्विरोध सामने आने लगे हैं। यह दुःखदायी है किन्तु शायद आश्वस्त करने वाला भी है। शायद इसी से कुछ नया मार्क्सवाद निकले। यह नए पूंजीवादी उत्तर आधुनिक समय की मार ही है जिसने बुर्जुआ दलों और कम्युनिस्ट दलों को, बहुत दूर तक एक जैसा चेहरा देना शुरू कर दिया है। कम्युनिस्टों के आत्मद्वंद्व और पछतावे यदि होंगे तो, बेहद दर्दनाक होंगे।

हिंदी में ढेर सारे 'वामपंथी', 'प्रगतिशील' लेखक नजर आते हैं। उनके लेखन की दुनिया में फिलहाल इस लगभग 'टर्मीनल' सी क्राइसिस' के निशान नहीं मिलते। साम्राज्यवादी वर्चस्व, नये पूंजीवाद के हावी होने आदि के प्रति 'शिकायतों और धिक्कार' तो दिखता है, इस 'टूट' के साथ को रचनात्मक और मार्मिक तनाव, अंतर्द्वंद्व या मुक्तिबोध के शब्द को लेकर कहें कि 'आत्मसंघर्ष' नहीं दिखता। यह स्थिति या डराने वाली हैं।

यहाँ दी जा रही पाठ-सामग्री, इस व्यथा की कथा है। नए को ढूँढ़ने की कोशिश है और यह जारी है...

सुधीश पचौरी

अनुक्रम

जैसे कोई लहर लौटकर किनारे के पत्थर पर सिर पटकती है

अचानक मुक्तिबोध की पंक्तियाँ याद आने लगीं। पूरी नहीं, उनकी काव्य-स्थिति, उक्ति की स्थिति, उक्ति के तर्क अचानक दरवाज़े पर खड़े हो मुस्कुराने लगे। यह अजीब-सी व्यंग्य-दीप्त मुस्कान! किसी टेक्स्ट का यों इस तरह लठ लेकर खड़े हो जाना : यह अक्सर होता है—जब भी किसी थियरी में जाता हूँ। किसी ऐसी जगह जहाँ से इस देशकाल को कामचलाऊ ढंग से ही सही, समझा जा सके, वहाँ पहुँचने के लिए, कई बार कम्युनिस्ट मैनिफ़ेस्टो, कई बार मुक्तिबोध की कुछ काव्य-पंक्तियाँ, अचानक एक महामिक्स सा बनकर आ विराजती हैं। बहुत कुछ मुक्तिबोध की कविताओं के 'मिक्स' की तरह और इससे बड़ी गड़बड़ होती है। मैं, जो लगभग, हर रोज़ लिखता हूँ और 'चाहे जिस-तिस' पर लिखने की कुख्याति कमाता हूँ, लिखने को पेशेवराना आदत बना चुका हूँ, जिसके लिए हज़ार दो हज़ार शब्दों की टिप्पणी एकाध घण्टे का खेल होती है, इस टिप्पणी को लिखने के लिए डेढ़-दो महीने सचमुच अटका हूँ। यह लिख-लिखकर फाड़ना नहीं है, लिखने से पहले 'हकलाना' है। यह टेक्स्ट बनाने से पहले अपने जंगल से निकलना है, अपने कबाड़ से, अपने 'खँडहर' से, अपने मलबे से निकलना है।

'खँडहर'! शायद यही वह शब्द था जिसने मुक्तिबोध की एक पुरानी कविता तक पहुँचाया। सत्तर के आसपास पढ़ी गई यह कविता अचानक कुछ यों ज़रूरी हो गई कि चैन नहीं। पंक्तियाँ ठीक-ठीक क्या हैं, याद पड़ता रहा कि कविता में कुछ लोग मलबे में दबे पड़े कराहते हैं और कोई उनसे कहता है, 'ज़मीन में गड़ी हुई धुकधुकियो सुनो!'...नहीं, मुक्तिबोध रचनावली भाग दो में ये पंक्तियाँ इस तरह आती दिखती हैं : 'खँडहर में दबी हुई अन्य धुकधुकियो सोचो तो...'

लेकिन 'दबी हुई धुकधुकियो सोचो तो....' आह! यह 'एक भूतपूर्व विद्रोही का आत्म-कथन' नामक कविता है। ऐसी 'एम्पैथी' अन्यत्र दुर्लभ है। यह मुक्तिबोध में ही है। तदाकारिता, तद्भवन! विचित्र कि स्वायत्तता की चालाकियों का ऐसा लोप कि आत्मकथन ही आत्मनिवेदन बन उठे!

सत्तर के आसपास के पाठ की स्मृति आती है तो लगता है कि वह कविता किसी सामंतीय जीवन का रूपक रचती है। महल, संयुक्त परिवार, बहुएँ, आत्महत्याएँ और इन सबके विरुद्ध एक बाग़ी ऐक्शन। उसकी कामना।

पुराना मकान था
ढहना था ढह गया,
बुरा क्या हुआ?
बड़े-बड़े दृढ़ाकार दम्भवान
खंभे वे ढह पड़े
जड़ीभूत परतों में अवश्य हम दब गए
हम उनमें रह गए
बुरा हुआ, बहुत बुरा हुआ।

'जड़ीभूत परतें'। उनमें 'दब जाना'। यह भयंकर अनुभव है :

भयानक है बड़े-बड़े ढेरों की
पहाड़ियों नीचे दबे रहना
और महसूस करते जाना
पसली की टूटी हुई हड्डी...
दौड़ती रुकती हुई धुकधुकी
महसूस करते जाना भीषण है भयंकर है।
वाह क्या तजुर्बा है!!
छाती में गड्ढा है!!

यह 'बाग़ी' का, विद्रोही का आत्मकथन है। 'तब रास्ते कहाँ थे'? अब तो रास्ते ही रास्ते हैं। मुक्ति के राजदूत सस्ते हैं। लेकिन ये महल गिर जाना था। इसमें 'आत्म-चैतन्य के प्रकाश' भूत बन गए। इस 'भूत बाधा' के बारे में बताया तो दंड मिला हमीं को। ऐसा महल ढहना ही था। हम भी ढह गए, दब गए। लेकिन हम इसलिए मरे कि 'ज़रूरत से ज़्यादा नहीं बहुत-बहुत कम हम बाग़ी थे।'

तो भी 'अपनी ही आँखों के सामने खेत रहना' बेकार नहीं जाएगा। 'जमी नर्म गड़ी हुई देहों की ख़ाक से, शरीर की मिट्टी से, धूल से खिलेंगे गुलाबी फूल!'

मुक्तिबोध के दुर्दमनीय आशावाद को फ़िलहाल छोड़ भी दें तो दबे हुए 'ज़रूरत से बहुत-बहुत कम बाग़ी' की जान ज़मीन में गड़कर भी नहीं छूटती। खँडहर में दबी हुई धुकधुकियों के लिए 'स्पंद' अब 'पीड़ा भरा उत्तरदायित्व भार' हो चलता है।

स्पष्ट ही, महल सिर्फ़ 'सामंतीय' नहीं है। 'बाग़ी' सिर्फ़ सामंत विरोधी नायक नहीं है। महल इसलिए गिरा क्योंकि महल का सच न कहा गया, न सुना गया। यह गिरेगा यह पहले से मालूम था। भविष्य पहले ही कह रखा था कि 'केंचुली उतारता साँप दब जाएगा अकस्मात्...' लेकिन अनसुनी की लोगों ने। अब हम चूँकि दब गए इसलिए दुःख तुम्हें भी है दुःख मुझे भी!

ज़रा नब्बे के आसपास के दिनों में हम पहुँचें : फिर एक बार इन पंक्तियों को पढ़ें। पुराना मकान ढह रहा है। केंचुली उतारता साँप दब रहा है। यह सोवियत संघ है। क़विता उसके विघटन, उसके टूटने-बिखरने की कहानी के तौर पर सामने आती है।

अजीब बात यह है कि 1959 में यह कविता प्रकाशित हुई। 1959 ऐसा कोई संदर्भ नहीं देता कि लगे कविता में आया महल इन दिनों का कोई सामंतीय संदर्भ भी है। 'ढहना', 'गिरना', 'खेत रहना' मुक्तिबोध की कई कविताओं का नाटकीय बिंदु रहा है। वे उसे अपने 'काव्यात्मक मोड़' के लिए पैदा करते हैं।

यही 'बीसवीं सदी की नालायक ट्रेजेडी' है। (सही हूँ या ग़लत/पृष्ठ 176/रचनावली भाग 2) अचानक मुक्तिबोध में 'इतिहास' जगमगाने लगा है। उनकी अनेक कविताओं में आने वाले स्वप्न, इतिहास में गोता मारते रहते हैं। यहीं अक्सर बहुत कुछ टूटता-फूटता है। टूटते-फूटते हुए ही बहुत से पश्चात्ताप बनते हैं। यही है मुक्तिबोध का 'कर्त्ता' जो इतिहास में बनता है, इतिहास के बारे में सोचता है। यह कर्त्ता 'सपाट' मध्य वर्ग नहीं है। यह अति संवेदनशील कर्त्ता है जिसे 'ब्रह्मराक्षस' का रूपक दिया गया है। यदि हम इसे मुक्तिबोध का एक कर्त्ता मानकर उनकी कविताएँ पढ़ें तो हमें यही टूट-फूट बार-बार दिखाई देगी। इस टूट-फूट में भूमिका दिखाई देगी :

खेद है ग़लती सिर्फ़ एक हुई हमसे
कि ज़िंदगी की रेती में किरचे मिले काँच के
तो मन में भी पूरा शीशा हम नहीं बना पाए साँच का
रत्न का टुकड़ा मिला किंतु हाय

पूरा रत्न (अंश का पूर्ण रूप)
कल्पना में भी हम ला नहीं पाए थे कि
खो गया टुकड़ा वह
खो दिए किरचे वे काँच के
ज़रा-ज़रा दर्द हुआ
किंतु उस खंड का
पूर्ण अखंड न मिल सका
कि इतने में खो गया दर्द भी ।। **(एक रग का राग)**

अजीब बात है कि इन दिनों हिंदी में यत्र-तत्र 'सभ्यता समीक्षा' की बातें सुनाई पड़ती हैं लेकिन सभ्यता समीक्षा नज़र नहीं आती जबकि मुक्तिबोध में जिस बात का बार-बार उल्लेख आता है वह 'सभ्यता' ही है। इतिहास ही है और इस इतिहास की जटिल जकड़बंदी और 'फँसाव' हैं। ऊपर उद्धृत पंक्तियों में मुक्तिबोध 'अखंड' की कामना करते हैं मानों 'महावृत्तांत' की कामना करते हों, लेकिन इतना साहस है कि 1959 की इस कविता में ही कहते हैं कि 'पूरा रत्न कल्पना में भी हम ला न पाए' और 'खो गया वह टुकड़ा।' अब अगली पंक्ति 'ज़रा-ज़रा दर्द हुआ किंतु उस खंड का पूर्ण अखंड न मिल सका कि इतने में खो गया दर्द भी।'

मुक्तिबोध जिस 'खँडहर' की बात कर रहे हैं, वह सामंतीय महल के रूपक में पूँजीवादी समाज के खँडहर की बात कर रहे हैं जिसके गिरने में सब दब गए हैं। दब गए क्योंकि 'ज़रूरत से बहुत बहुत कम बाग़ी थे।' लेकिन और एक कारण था। पूँजीवाद की 'सभ्यता समीक्षा' के पूरे न होने का। अजब बात है कि हिंदी के इतने आधुनिक कवियों में से सिर्फ़ एक के पास ऐसा विमर्श है जो सीधे पूँजीवादी सभ्यता के समीक्षा विमर्श के रूप में चलता है और यह विमर्श अत्यधिक जटिल है : पूँजीवाद की भर्त्सना, निंदा या उसको शाप देने की जगह उसकी व्याप्ति के भीतर, खुद को पाना, फिर उस व्याप्ति के फँसाव को महसूस करना और निकलने की कोशिश और न निकल पाने की छटपटाहट को उसके अभंग में व्यक्त करना, उस फँसावट का आत्मनिवेदनात्मक आत्मस्वीकारात्मक पाठ बनाना। इसके कई रूप, कई स्तर हैं। उक्त कविता में उद्धृत पंक्तियों से पहले एक लंबा अंश 'आलोचनाशील मन' का चलता है :

'किंतु उसी अमंगल को आज सिर्फ़
सहा जाता ह्रास कह

आज वह मात्र व्यंग्य रूप है
तर्क यह—
हाय वह सबका अंग रूप है
सभ्यता समाज का ही ह्रास है
इसलिए सहनीय मात्र निवेदनीय त्रास है
ह्रास में भी खूब-खूब मज़ा है
आदमी की धजा है
व्यक्तिगत आलोचनाशील मन
जोड़ता है निंदा धन
जोड़ता है ज़हर और
कंकड़ और पत्थर और
कहता मैं गुणीजन
(हृदय में बैठा योद्धा कि मसीहा!!)
ऐसी आज आइडियालॉजी है
हरेक के पीपल के पास अब बैठा हुआ एक निज
संत निज पीर है'

(भाग 2, वही, 184)

यहाँ हम 'अँधेरे में' कविता की उन निरंतर उद्धृत पंक्तियों की बात नहीं कर रहे, जिनमें 'उदरंभरि बन अनात्म बन गए'; किसी 'व्यभिचारी के बन गए बिस्तर' वाले कर्त्ता की ही बात कर रहे हैं जिसने 'लिया बहुत-बहुत और दिया बहुत-बहुत कम'! ज़ाहिर है कि मुक्तिबोध का नायक/कर्त्ता इतिहास का 'नायक' नहीं रहा है। वह उसमें अक्षम है। अक्षमता से क्षमता के लिए यात्रा और फिर वैफल्य। यही व्यथा है। 'एक भूतपूर्व विद्रोही का आत्म-कथन' में हम इस तरह एक शैथिल्य बनते देखते हैं। मुक्तिबोध के रैडिकल विमर्श में यह 'शैथिल्य' बार-बार आता है लेकिन उसे बार-बार हटा दिया जाता है। यह मुक्तिबोध के बाद का मुक्तिबोध को लेकर चला विमर्श है जहाँ मुक्तिबोध के कर्त्ता को यद्यपि 'अपनी कमज़ोरियों से लगाव' है, 'वह ज़रूरत से बहुत-बहुत कम बाग़ी है', जिसे अखंड रत्न तो नहीं मिला, खंड रत्न मिला लेकिन जो उससे खो गया और अब 'खोने का दर्द' भी भूल गया है।

एकदम भविष्य कह देने वाली पदावली है यह! यह मात्र मुक्तिबोधीय कविता

की अदना सी पंक्ति नहीं है कि 'भविष्य तो हमने पहले ही कह रखा था। लेकिन अनसुनी की लोगों ने।' अब जब सब दब गए हैं इसलिए 'दुःख तुम्हें भी है मुझे भी' और अब इस आशा के अलावा कोई चारा नहीं कि इन हड्डियों की खाद बनेगी फिर बच्चे आएँगे खेलने। क्या यह भविष्य जिसे 'कह दिया' गया था, सोवियत संघ का उत्तर-भविष्य नहीं है? क्या 'भूतपूर्व विद्रोही का आत्म-कथन' उत्तर-सोवियत गिरावटों पर नहीं पढ़ा जा सकता? पेरिस कम्यून जब गिरा तो मार्क्स पहले थे जिन्होंने उसके 'असफल' रहने पर विमर्श किया और खुलेआम 'पेरिस' कम्यून' की सीमाएँ स्वीकार कीं। कम्युनिस्ट इंटरनेशनलों के बाद और उनके जीवनकाल में ही उनके विसर्जन के बाद भी यह सवाल क्या नहीं रह जाता कि कम्युनिस्ट किसी सामान्य मनुष्य की तरह 'असफल' हो सकते हैं! इससे भी बड़ी बात यह है कि वे अपनी असफलता के 'कारकों' पर 'विचार' करें! और विचार का मतलब इतना भर नहीं कि वे किसी अमेरिकी, साम्राजी 'षड्यंत्र' को सब गिरावटों के मत्थे मढ़ दें! यह मार्क्सवाद नहीं हो सकता जो अपने आप से सवाल पूछना भूलने लग जाए और 'आत्म-समीक्षा' की जगह 'ब्लेमगेम' में व्यस्त हो जाए!

इस टिप्पणी की शुरुआती 'हिचक' में यही फाँस फँसी है। इसीलिए मुक्तिबोध की कविताएँ सहारा बनती हैं। 'एक भूतपूर्व विद्रोही का आत्म-कथन' की एक काव्य-पंक्ति इसीलिए कसकती हुई याद आती है। ज़रूरत से बहुत-बहुत कम हम बाग़ी थे और 'गिरने' के बाद हम वह, 'बाग़ी'; भी नहीं रहे जो ज़रूरत से बहुत-बहुत कम था। हम 'दर्द' भी भूल गए! दर्द! सत्तर के आसपास जिन्होंने भारतीय समाज के वामपंथी आंदोलनों में अपने दिमाग़ को खुला पाया वे 'आदि विद्रोही' नामक महान उपन्यास को याद कर सकते हैं। यह लेखक जब-जब 'समाजवादी विश्व के पराभव' की बात सोचता है, मुक्तिबोध की कविता 'विद्रोही के आत्म-कथन' के साथ 'आदि विद्रोही' के कुछ आख़िरी दृश्य याद आते हैं। मुक्तिबोध के 'ज़रूरत से बहुत-बहुत कम बाग़ी' काव्य के कर्त्ता की तस्वीर 'स्पार्टकस' की 'हार' के रंग डाले बिना नहीं खींची जा सकती।

ओह! दर्दनाक दृश्य है : स्पार्टकस की सेनाएँ रोम की अक्षौहिणियों के आगे हार चुकी हैं। स्पार्टकस समेत उसके सारे सरदार पकड़ लिए गए हैं और उन्हें रोम आने वाली मुख्य सड़क पर सलीबों पर टाँग दिया गया है। वे धीरे-धीरे मर रहे हैं। मरने से पहले वे अपनी-अपनी स्मृतियों में लौटते हैं। स्पार्टकस के ऐन पास लटका हुआ उसका मुँहबोला सरदार, स्पार्टकस से सिर्फ एक सवाल पूछता है : 'हम असफल क्यों हुए?' 'हम असफल क्यों हुए?' स्पार्टकस इसे सुन नहीं

सकता, वह मर रहा है। एक-एक बूँद। अनंत पीड़ा में लटके साथियों के बीच वह क्या जवाब दे?

जवाब है। आसान सा! स्पार्टकस के साथ ग़द्दारी हुई थी। जिस अफ़्रीकन बेड़े से मदद मिलने की उम्मीद उसने की थी, वह रोम ने ख़रीद लिया था और तब उसकी सेना घिर गयी थी और हारी थी। यह होवार्ड फ़ॉस्ट के उपन्यास में नहीं है। यह 'स्पार्टकस' नामक फ़िल्म के अंतिम दृश्यों में आता है। असफलता का कारण। लेकिन यह सतही कारण है। 'स्पार्टकस' को हारना था। यह बाद में मार्क्स-एंगेल्स ही बताते हैं कि क्यों हारना था? क्रांति की आधार-भूमि तैयार जो नहीं क्योंकि सतत क्रांतिकारी-वर्ग तैयार नहीं मगर कमबख़्त फ़ूको इतना पक्का करके नहीं चल सकता। वह तो कहेगा अगर ऐसा न होता तो इतिहास कैसा होता? यानी इतिहास में निर्णय के क्षणों में कुछ विकल्प रहते हैं जो एक निर्णय के बाद 'इतिहासवाद' के नाम से विलुप्त कर दिए जाते हैं? पाठक याद कर सकते हैं कि आर्थर कोएस्लर ने भी 'स्पार्टकस' नाम से एक उपन्यास लिखा था। वहाँ 'वैफल्य' का विमर्श ज़्यादा मुखर है वह उस जमाने का ट्राट्स्कीवादी विमर्श है। 'अकेला चना भाड़ नहीं फोड़ सकता' जैसा कुछ-कुछ : 'सनसिटी' का निर्माण हो गया है। समाजवाद आ गया है। लेकिन इसके बाहर की दुनिया अलग है। विपरीत है। इसकी रक्षा कैसे हो? असफल रहने के बाद यहीं लौटता है पाठ कि 'मुक्ति है तो सबके साथ है।' 'सब' यहाँ ट्राट्स्कीवादी अर्थ में वही नहीं रहता जो कि मुक्तिबोध के यहाँ है।

क्या हम कहें कि स्पार्टकस के साथी के सवाल का जवाब मुक्तिबोध की इस पंक्ति में दिया जा सकता है : 'ज़रूरत से बहुत-बहुत कम हम बाग़ी थे?' यह उत्तर अपर्याप्त है। जिन लोगों ने जान की बाज़ी लगा दी हो उनके 'बाग़ीपन' में कमी कहाँ? लेकिन असफल फिर भी रहे? यानी कि सिर्फ़ 'बाग़ी'—पूरे 'बाग़ी' होने का मतलब निजमूलक, 'विल पॉवर' वाला खेल नहीं है बल्कि 'सफलता' की संकल्पना में ही कहीं कोई कमी होनी चाहिए।

क्या वह समाजवाद की उस 'संकल्पना' की कमी है जिसमें दुनिया का एक बड़ा हिस्सा सत्तर साल तक रहा, जिसकी उपलब्धियाँ महत्तर रहीं, दुनिया कुछ बेहतर जगह बनी, जिसने पूँजीवादी समाज के विकल्प के रूप में एक पेशकश की और एक टूटे-बिखरे सपने की तरह आज भी उसकी यादें और हरारत बरकरार हैं। इसीलिए, यह सवाल और भी ज़रूरी हो जाता है : कॉमरेड! हम असफल क्यों रहे? असफलता पर, नाकामयाबी पर एक कम्युनिस्ट ही विचार कर सकता है क्योंकि उसे कामयाब

होना होता है। नाकामयाबी को छिपाना मार्क्सवाद तो क्या यथार्थवाद तक नहीं और ऐसा भी नहीं कि कम्युनिस्टों ने विचार न किया हो, भीषण भिड़ंतें न की हों। भारत के संदर्भ में तो कम्युनिस्टों का इतिहास ज़्यादातर असफलताओं का ही रहा है। मुक्तिबोध की काव्य पंक्ति में कहें तो 'अति भव्य असफलताएँ'!

नहीं! यह हताशा की जन्म-कुंडली खोलना नहीं। न इसे देख 'शापित' करने से काम चलने वाला है। शायद लेनिन ने ही कहीं कहा था कि असल कम्युनिस्ट वह है जो ग़लती को दुहरने नहीं देता। ग़लती से सीखता है और यहाँ ग़लतियाँ गिनाने का परपीड़नवादी दृष्टिकोण नहीं है। दुःख तुम्हें भी है दुःख मुझे भी! मुक्तिबोध ने लिखा ही है।

एक दिलचस्प दुविधा सामने आती है। दिल्ली विश्वविद्यालय में 'राजनीतिक इतिहास' पढ़ाने वाले मित्र कहते हैं कि अभी तक हमारे पास सोवियत संघ का इतिहास है लेकिन उसके ख़त्म होने के बाद का इतिहास यह बताने में असमर्थ है कि वह क्यों अचानक बेकार हो गया? साम्राज्यवाद, एक-ध्रुववाद, अमेरिकावाद का इतिहास तो स्वतः स्पष्ट है। लेकिन जब कोई पूछ लेता है कॉमरेड, हम असफल क्यों रहे? तो जवाब नहीं मिल पाता! जवाब यानी ऐसा विश्लेषण जो यह बता सके कि यदि वह समाजवाद था तो सत्तर साल के शासन के बाद पूँजीवाद के चरणों पर क्यों गिर पड़ा! और अब चीन की कम्युनिस्ट पार्टी जब पूँजीपति वर्ग को पार्टी की सदस्यता देकर उनके 'रोल' को सराहती है तो क्यों?

क्या पूँजीवाद-समाजवाद के परस्पर विरोधी होने की, विलोम होने की प्रस्थापना गिर गयी है? शायद हाँ। शायद नहीं। 'नहीं' इसलिए कहा कि मन नहीं मानता कि समाजवाद—वैज्ञानिक समाजवाद—का जो विचार मार्क्स-एंगेल्स ने विकसित किया, वह इस क़दर 'समस्याग्रस्त' हो सकता है! लेकिन दूसरा मन कहता है कि समाजवाद समस्याग्रस्त क्यों नहीं हो सकता? यही हुआ। तो असल सवाल 'समाजवाद' के समस्याग्रस्त, संकटग्रस्त होने का होना चाहिए। पूछा जाना चाहिए।

ऐसे भी वामपंथी आज मिलते हैं जो पूँजीवाद को लेकर मार्क्स की समीक्षा को 'अपर्याप्त' ही नहीं, 'ग़लत' मानते हैं। जो 'ग़लत' मानते हैं उन्हें छोड़ भी दें तो जो 'अपर्याप्त' है, उसे पर्याप्त बनाने की बात क्यों नहीं की जा सकती?

एक बार फिर एक शीत योद्धा का नाम याद आता है : डैनियल वेल। एकदम अमेरिकी पूँजी का पहरुआ। 'पूँजीवादी संस्कृति' पर विचार करते हुए डैनियल वेल ने मार्क्स की पूँजी के तीसरे वॉल्यूम को अपने एक पूरे चैप्टर का आधार बनाया। उसने बताया कि किस तरह मार्क्स ही पहले व्यक्ति थे जिन्होंने उस 'सर्विस सेक्टर'

को बनते देखा था। यह बैंककर्मी इत्यादि के रूप में था। यानी पूँजीवाद मार्क्स के आख़िरी दिनों में ही अपना चेहरा बदलने लगा था। किसने अनसुनी की? चूँकि एक शीत योद्धा अमेरिकी पूँजीवादी कह रहा था इसलिए 'असत्य' ही कहता होगा! हम ठीक। हमारी समझ ठीक। शेष सब ग़लत।

समाजवाद के पहले हल्ले में जो बहुत कुछ नया-नया बना, वह इतना चमकदार, इतना वैकल्पिक और आह्लादकारी तो रहा ही कि उसके 'सदा सत्य होने' का, सदा ही 'ठीक' रहने का एक मिथक सा बनना था। बना ही। इसीलिए तब से लेकर आज तक 'कम्युनिस्ट' कभी 'ग़लत' नहीं होते। ग़लती हमेशा 'दूसरों' से होती है या कि दूसरे ही उनसे ग़लती कराते हैं। समाजवाद यदि नीरंध्र पॉवर-डिसकोर्स में बदल गया तो फिर ग़लती तो होनी ही न थी। आज भी जो ग़लतियाँ होती हैं वे कम्युनिस्ट से नहीं होतीं, 'ग़लत', 'दुश्मन' व्यक्ति या पार्टी से होती हैं। सच्चे कम्युनिस्ट से नहीं होतीं! इस तरह सच्चा कम्युनिस्ट वह महामिथ बन चला जो सच्ची कम्युनिस्ट पार्टी का सदस्य होता है और सच्ची कम्युनिस्ट पार्टी वही है जो कि स्वयं को हमेशा सही मानती है। 'आत्म-समीक्षा' का अभाव इसी का विस्तार है। असहमत का अक्षम्य होना इसका एक लक्षण है। यह भी 'ठीक' लगता है क्योंकि इसके पीछे एक 'फीअर फैक्टर' रहा है। तुम्हारे असहमत होने से 'दुश्मन' का लाभ होगा? तुम्हारा सही या ग़लत होना इस बात से तय होगा कि तुम्हारा किया-धरा किसको लाभ पहुँचाता है? मैं तो जैसा हूँ वैसा हूँ। तुम सोचो! इस तरह मैं नहीं लाइन बदलूँगा, तुम सोचो : तय करो किस ओर हो तुम!

क्या यही 'विलोमवादी' बाइनरीज वाली समझ रही कि अपने दायरे से बाहर सब त्याज्य रहा और सब बेकार मान लिया गया? क्या यह 'द्वंद्वात्मकता' का भयावह समाहार नहीं? और तब क्या द्वंद्वात्मकता आभ्यंतरीकृत होकर, अपने ही रक्त में नहीं समा गई होगी? शायद। पूँजीवाद को 'अलक्षित' करके उसे नष्ट हुआ मान लिया, उसकी क्षमताओं को अलक्षित किया, उसे लगातार हर बार दूसरे चरण, तीसरे चरण के संकट में माना। लेकिन ध्वस्त हुईं समाजवादी सत्ताएँ। पूँजीवाद अट्टहास करता विश्व-विजय करता रहा, करता रहा और आज वह फिर अपने को 'संकटहीन' समझने की दिलचस्प भूल कर रहा है।

अचानक कम्युनिस्ट मैनिफ़ेस्टो की चंद लाइनें याद आती हैं कि जैसे कोई लहर लौटकर किनारे के पत्थर पर सिर पटकती है। मार्क्स-एंगेल्स 1844 में कह रहे हैं : यह पूँजीवादी 'इपॉक' है। ''क्या यह समझने के लिए किसी गहरी आत्मानुभूति की ज़रूरत है कि मनुष्य के विचार, उसकी दृष्टि, उसकी अवधारणाएँ—एक शब्द

में—उसकी चेतना हर भौतिक-अस्तित्व की स्थितियों, उसके सामाजिक संबंधों के बदलने के साथ-साथ बदलती हैं।..." (कार्ल मार्क्स/कम्युनिस्ट मैनिफ़ेस्टो। संपादित फ्रेडरिक एल बैडर (1988), भूमिका में उद्धृत)।

बड़े पैमाने पर कम्युनिस्ट चेतना बनाने के लिए और कम्युनिस्ट लक्ष्य की कामयाबी के लिए जरूरी है मनुष्य को बड़े पैमाने पर बदला जाए, बदलाव क्रांति से ही संभव है। (वही)

पूँजी ने मजदूर वर्ग के लिए एक सामान्य स्थिति पैदा कर दी है, सामान्य हित पैदा कर दिए हैं। (वही)

उत्पादन के औजारों और इस तरह उत्पादन संबंधों और इस तरह समग्र समाज संबंधों को सतत् क्रांति में लाए बिना बुर्जुआ वर्ग अस्तित्ववान नहीं रह सकता। उत्पादन का सतत क्रांतिकरण, तमाम सामाजिक संबंधों में बेरोक उपद्रव, सदैव अनिश्चितताएँ, आंदोलन आदि बुर्जुआ इपॉक (युग) को पूर्ववर्त्ती तमाम युगों से विशेष बनाती हैं, वह सब जो पक्के हैं। जमे-जमाए संबंध बह जाते हैं। नए संबंध जब तक स्थिर हों, पुराने पड़ जाते हैं। वह सब जो ठोस है वाष्पीकृत होकर हवा में उड़ जाता है, वह सब जो पवित्र है कलंकित हो जाता है और आख़िर में मनुष्य मजबूर होता है कि वह गंभीरता से अपने जीवन की यथार्थ अवस्था के समक्ष है और अपने तरह के लोगों से उसके कैसे संबंध हैं। कम्युनिस्ट मैनिफ़ेस्टो, पृ. 58)

अपने उत्पाद के लिए लगातार बढ़ते बाज़ार की जरूरत बुर्जुआ को पूरे भूमंडल में दौड़ाती है, वह हर जगह अपना डेरा जमाता है, हर जगह ठिकाना बनाता है, हर जगह संपर्क बनाता है।(वही)

विश्व बाज़ार के शोषण के जरिए बुर्जुआ वर्ग ने हरेक देश में उत्पादन और उपभोग को कॉस्मोपोलिटन गुण दे दिया है। प्रतिक्रियावादी खिसियाते रहे। इस वर्ग ने उद्योग की राष्ट्रीय ज़मीन को खिसका दिया है। सभी पुराने राष्ट्रीय नष्ट हो गए हैं या दैनिक नष्ट किए जा रहे हैं, उनकी जगह नए उद्योग ले रहे हैं जिनको स्थापित करना सभी सभ्य राष्ट्रों के तईं जीवन-मरण का प्रश्न बन जाता है, ये उद्योग ऐसे उद्योग हैं जो स्थानीय देशज कच्चे माल से काम नहीं करते वे दूर-दराज़ तक से कच्चा माल लाते हैं, ये उद्योग ऐसे हैं जिनके उत्पाद सिर्फ स्थानीय स्तर पर ही उपयोग में नहीं लाए जाते बल्कि भूमंडल के हर हिस्से में लाए जाते हैं। पुरानी ज़रूरतों की जगह, कम्युनिस्ट मैनिफ़ेस्टो में मार्क्स ने बुर्जुआ की जिस शक्ति का बख़ान किया था आप उससे हारे हैं। या कहें कि पीछे हटे हैं। या कहें कि आपको पीछे हटना पड़ा है, और पूँजीवाद की शक्ति को स्वीकारना पड़ा है। चीन की पार्टी ने यही किया है। वह पूँजीवाद के 'समक्ष' है। यह एक निराला अनुभव

है। अकथनीय लेकिन इतना तो कहता हुआ कि यह इपॉक पूँजीवादी ही है समाजवादी अभी नहीं है। वह आगे हो सकता है क्योंकि आज का पूँजीवाद वस्तुतः नए ढंग से ऐसी स्थितियाँ तैयार कर रहा है। कम्युनिस्ट मेनिफस्टो के उद्धरण याद करें तो यही होता दिखता है।

इससे पहले कि अपनी इस टिप्पणी को हम चीनी अनुभव की ओर मोड़ें हम यहाँ 'समाजवादी' व्यवस्था की अंतरंग समस्या 'प्राइसिंग' और समाजवादी बाज़ार के भीतर 'अतिरिक्त मूल्य' इंतजाम के बारे में बेहद संक्षेप में विचार कर लें क्योंकि यही वह दबाव हैं जो पूँजीवाद ने वस्तुतः बनाए, जिसके साथ चयन की स्वतंत्रता, उपयोग की स्वतंत्रता, का दबाव बढ़ा। हम सोवियत व्यवस्था के अति केंद्रीकरण पर यहाँ विचार न करके सोवियत समाज की 'सफलता' और समस्याओं पर ही बात करेंगे। सोवियत सफलता के संकेतकों का अध्ययन करते हुए ए. नोवे नामक अध्येता कहते हैं कि प्लान के अनुसार उत्पादन करना मैनेजरों के लाभ में रहता है। लेकिन इससे 'लाभ' का आकलन ठीक-ठीक नहीं हो पाता, अतिरिक्त कमाई 'फंड और एंटरप्राइज' में चली जाती है। उदाहरण के लिए किसी तेल इकाई में किसी मैनेजर को 'प्लान' के अनुसार उत्पादन कराने पर उसकी तनख़्वाह का 42% तक बोनस मिलता हैं और अगर प्लान से ज़्यादा उत्पादन किया तो हर एक प्रतिशत अधिक उत्पादन पर साढ़े चार फीसदी और मिलता है। 'कैपीटलिज्म, मार्केट सोशलिज्म एंड सैंट्रल प्लानिंग'/ संपादित वेने ए. लीमैन (1963) पृ. 80-81) इससे समस्या पैदा हो जाती है। योजना केंद्रीकृत होने और उत्पादन के भी केंद्रीकृत होने से सोवियत संघ ने एक समस्या पहले ही पैदा कर दी थी। क्षेत्रीय उत्पाद केंद्रों को दिलाया केंद्रिकता ने तरह-तरह से समस्याग्रस्त कर डाला था। 'लाभ' और 'दाम' का हिसाब करने के लिए माल्यशेव और कारोव्स्की आदि अर्थशास्त्रियों ने 'लाभ' पर जोर देना शुरू किया था यह साठ के दशक की बात है। (वही) केटर्स इन सोवियत इकानॉमी वही, पृ. 64। उत्पादन की शक्तियाँ उनसे कह रही थीं, पार्टी तैयार नहीं थीं कि बदलो आर्थिक सिद्धांतों को कामकाज देने की जगह पार्टी नेता राजनीतिक हस्तक्षेप ज्यादा करते थे। यह बाद में माना जाने लगा कि आर्थिक क्रिया में आर्थिक गणनाओं को कम महत्त्वपूर्ण करके आँका गया अतार्किक प्राइस सिस्टम के कारण योजना बनाने वाले भ्रम की स्थिति में रहे और इस तरह बहुत महँगी गलतियाँ हुईं। (वही, पृ. 89)

सोवियत-अर्थवेत्ताओं के समक्ष जल्दी ही समस्याएँ पैदा होने लगीं। अब वे केंद्रीकृत योजना प्रक्रिया को असह्य पाने लगे। वे सुधारों पर जोर देने लगे। लेकिन पार्टी सिद्धांत उन्हें बदलने से रोकते रहे। मार्क्स ने इस सिलसिले में कुछ कहा नहीं

था। पश्चिमी पूँजीवादी देशों से सीखा नहीं जा सकता था। (वही, पृ. 90)

यहाँ से हम चीनी अनुभव की ओर आ सकते हैं। चीन के समाजवाद और उसके नएपन में बनते संबंध को समझने के लिए चीन के 'आधुनिकीकरण' और पश्चिम के 'नई औद्योगिक क्रांति' के बीच बनते संबंधों का अध्ययपन करने के लिए जियांग ने जो कहा उसे देखना चाहिए। जाओ जियांग ने कहा : नई औद्योगिक क्रांति (सूचना तकनीक क्रांति) को या तो चौथी औद्योगिक क्रांति कहा जाना चाहिए या तीसरी लहर कहना चाहिए...साठ के दशक के बाद, उच्च औद्योगिकीकरण की अवस्था प्राप्त करने के बाद पश्चिमी देश औद्योगिक समाज से सूचना समाज या कहें ज्ञान समाज या बुद्धि समाज बनने जा रहे हैं : 'ज्ञान की उत्पादक शक्तियाँ उत्पादक शक्तियों को तय करने की कुंजी बन चली है। वे ही स्पर्धा तय करती हैं और वही आर्थिक उपलब्धियाँ।' (सोशलिज्म ऑन द थ्रेशोल्ड ऑफ ट्वेंटी फर्स्ट सेंचुरी' संपादक मिलोस निकोलिक, 1985 में प्रोस्पेक्ट्स फॉर सोशलिज्म चाइनीज एक्सपीरिएंस एंड लेसन्स लेखक शूशाओजी, पृ. 204-205)

लेखक शूशाओजी कहते हैं कि चाहे पश्चिम का इरादा कुछ भी हो इतना तय है कि नई तकनीकें जो खोजी जा चुकी हैं या खोजी जाएँगी जब उत्पादन और समाज में अमल में लाई जाएँगी तो वे उत्पादक शक्तियों में एक नई छलाँग पैदा कर देंगी और सामाजिक जीवन में भी नए परिवर्तन ला देंगी। (वही, पृ. 205)

यह आशावाद चीनी समाजवाद का आत्मविश्वास है या कि नए का जादू है। जो हो चीनी पार्टी ने यदि पूँजीवाद के साथ हमारी व्यवस्था के साथ नया मेल उत्साह से स्वीकृत किया है तो सामाजिक विकास के लिए किया है। (वही, पृ. 209) यह सब चीनी पार्टी की बारहवीं काँग्रेस के कार्यभारों को पूरा करेगा। (वही, पृ. 209)

यहाँ हम जानबूझकर उपभोगवादी दबावों का जिक्र नहीं कर रहे जिनकी वजह से सोवियत सिस्टम ढीला हुआ। रूबल कमाने के बाद सोवियत मनुष्य क्या करता। चयन की स्वतंत्रता की माँग ही करता। चीनी भी क्या करता। चयन की स्वतंत्रता की माँग करता। सोवियत ने सारे दरवाज़े खोल दिए। फिर आज चीन ने नियंत्रित दरवाज़े खोले हैं। देखें दरवाज़े बने रहते हैं कि गिरते हैं।

यदि उत्पादक शक्तियाँ अधिक विकसित हो गई हैं तो उत्पाद संबंध भी उनसे मैच करने वाले चाहिए। समाजवाद में उत्पादक शक्तियाँ तो तेजी से विकसित हुईं लेकिन उत्पादन संबंध शायद 'मैच' नहीं हो सके। पार्टी, राज प्रशासन, योजना केंद्रिकता, सांस्कृतिक पुनर्निर्माण आदि एक हद तक काम के रहे फिर सँभल न पाए।

यह मार्क्सवाद का एक जटिल सूत्र है। उत्पादन संबंधों के साथ यदि हम उपभोग संबंधों को जोड़ दें तो नक्शा फिर इस तरह बनेगा : उत्पादक शक्तियाँ बदलीं उन्होंने इन संबंधों को बेकार कर दिया। पार्टी इन संबंधों को अमर समझती रही, पिट गई। यह बेहद आसान सा सरलीकरण है लेकिन खारिज़ करने योग्य नहीं है। आखिर समाजवाद भी मार्क्सवाद की परीक्षा से परे नहीं।

ढेर सारी सोवियत किताबें याद आती हैं। समाजवाद मौजूद है। पूँजीवाद विश्व के बीच वह विश्व पूँजीवादी शक्तियों को सीमित करने का एक बड़ा सत्ता केंद्र है। तीसरी दुनिया के देश, खासकर वहाँ की जनता सोवियत संघ को अपना मित्र समझती है। वह मित्र है भी। साम्राज्यवादी हमले होते रहते हैं। वैचारिक हमले होते रहते हैं। शीतयुद्ध का वक्त है। फ्रीडम, एक बड़ा कूट पद है। 'फ्री वर्ल्ड, एक स्वर्ग की तरह दिखाया जाता है। सोवियत समाज तानाशाह समाज बताया जाता है। जवाब में सोवियत चिंतक 'फ्री वर्ल्ड' के भीतर की तानाशाही, उसके 'फ्रीडम' के मिथ्यात्व और शोषण दमन को एक्सपोज करते रहते हैं। गरीब देशों के निम्नवर्गीय अनंत लोग समाजवाद के इस चौतरफा घिराव को ठीक नहीं मानते और सोवियत उन्हें एक विकल्प का समाज नजर आता है। 'समानता' एक सपना नहीं है, सच है। इस सच में बहुत दिन रहने के बाद जब मालूम पड़ता है कि सच सच नहीं रहा तो अनुभवों में दरार पड़ जाती है। आप कहीं के नहीं रहते और यह अनुभव हर उस कम्युनिस्ट का है जिसका जीवन कम्युनिस्ट पार्टी/पार्टियों में काम करते खत्म हुआ हो। यह टीस, यह दर्द हर कम्युनिस्ट का दर्द है। अनेक साथी इसे दबा देते हैं कि मार देते हैं। पार्टियों का इस विषय पर प्रायः चुप्पी लगा जाना दरअसल 'दर्द' को दबा जाना ही है। घाव तो गहरे लगे हैं लेकिन दिखाने से क्या?

अक्सर कुछ जगह देखने को यह लिखा मिलता है 'सेट बैक टु सोशलिज्म' यानी समाजवाद को कुछ फटके लगे हैं यानी हानि हुई है वह 'खत्म' नहीं हुआ है। इसीलिए कम्युनिस्ट पार्टियाँ अभी भी समाजवाद बरक्स साम्राज्यवाद का नंबर वन का अंतर्विरोध आज भी मानती है। जबकि समाजवाद नहीं है। जहाँ था वहाँ खत्म है जहाँ है वहाँ पूँजीवादी व्यवस्था से रास रचा रहा हैं कब झटका लग जाए कोई नहीं जानता। समाजवाद अब एक काँपता हुआ अनुभव है। एक टूटा-फूटा सपना है। 'टूट-फूट' पर सोचते-सोचते आप बेहद अकेले हो जाते हैं। इतना कि सोचना छोड़ सकते हैं। लेकिन मार्क्सवाद फिर काम आता है। मार्क्सवाद का व्यवहार गिरा, मार्क्सवाद का सिद्धांत कहाँ गिरा, पूँजीवाद को लेकर उसकी समीक्षा तो आज

भी समीचीन नजर आती है।

इसलिए अपने पर क्रोध आता है। सवाल तमाचे मारते हैं। समाजवाद असफल क्यों हुआ सोवियत संघ गोर्बाचेव के षड्यंत्र से गिरा तो चीन में किसके षड्यंत्र से पूँजीवादी मार्केट इकानॉमी का प्रवेश हुआ? एक देश में दो आर्थिक व्यवस्थाएँ कब तक बिना टकराए रह सकती हैं? और वो क्या मजबूरियाँ हैं जो ऐसा होने दे रही हैं? क्या चीन में भी कोई गोर्बाचेव सक्रिय है? तब समाजवाद में गोर्बाचेव अचानक क्यों नजर आने लगे हैं? वे किसी वस्तुगत परिस्थिति के प्रतीक हैं या षड्यंत्र हैं?

ऐसे सवाल उठते-गिरते हैं। कहीं कोई जवाब दूर-दूर तक नहीं मिलता। इन सवालों को उठाते हैं तो बचे-खुचे कम्युनिस्ट किसी सत्ताधीश कम्युनिस्ट की तरह ही दहाड़ते हैं। तुम प्रतिक्रियावादी हो! साम्राज्यवाद के एजेंट हो! गद्दार हो। हारे-थके, अकेले कम्युनिस्टों की गालियाँ गुस्सा नहीं, दया की माँग करती हैं।

फिर अचानक उस 'शून्य' के अनुभव की ओर मन दौड़ लगाता है। जो अभी कल तक तो सब ठीक था। कितनी सोवियत किताबें कितने सस्ते दामों पर आश्वस्त करती थीं कि समाजवाद आ रहा है। विकास कर रहा है। और एक दिन अचानक सब गायब। वही दुर्दांत पूँजीवाद सब तरफ पसर गया है जिससे लड़ते आए। वही अब चारों तरफ ठाठें मार रहा है। उससे लड़ने वाले योद्धा उसी की गोद में पड़े हैं वहीं सताता रहा है। यह विकट अनुभव क्या है? एकदम विचित्र अनुभव है। अकथनीय, अस्पष्ट लेकिन तीखा। संकट तो पूँजीवाद का था, गिर गया समाजवाद। दस्तावेज़ों को पढ़िए तो अब भी पार्टियों के दस्तावेजों में पूँजीवाद संकट में है। दूसरे का संकट ऐसा देखा कि अपने घर में भी संकट हो सकता है यही भूल गए।

क्या पूँजीवाद का समाजवादी क्रिटिक दोषपूर्ण था? शायद!

जब आदमी रूबल कमाएगा, विकास करेगा तो जमा रूबल का क्या करेगा? क्या जमा की गई संपत्ति, विकास का फल वह वस्तुगत स्थिति नहीं बनेगा जो चेतना को बदल दे।

जिसके पास धन है, वह धन उसकी चेतना भी है। यदि धन है और उसके उपभोग का मार्ग प्रशस्त नहीं हो तो क्या होगा? धन मार्ग बनाएगा! संपत्ति वस्तुगत दशा बनेगी। '1844 की आर्थिक दार्शनिक पांडुलिपियों' में मार्क्स 'एनलामेंट ऑफ प्रापर्टी' की बात करते हैं। यह मार्ग क्या 'प्रापर्टी' के रास्ते ही नहीं जाता? मैनिफ़ेस्टो तो पूँजीवाद को समाजवाद की पूर्वपीठिका बनाने वाला बताता ही है। तब क्या

यह कहना अनुचित होगा कि नया पूँजीवाद स्वयं नए समाजवाद की पूर्वपीठिका बना रहा है? शायद हाँ और यह आगे हो सकता है राष्ट्र राज्यों का समाजवाद न हो बल्कि महाद्वीपीय, देशों के समूहों का, समाजों के समूहों का हो और राज्य सत्ता से ज़्यादा यह जनता से, उसके तकनीक के उपभोग से या उसके जरिए जटिलतम प्रतिरोधों से निर्मित हो। एक ओर विश्व भर की जनता दूसरी ओर विश्व भर का पूँजीवाद इंच-इंच आमने-सामने आ रहे हैं। सर्वहारा की जगह सेवक वर्ग आ रहा है। बीच में मारकाट करने वाले अनेक नए वर्ग, समाज समूह चिह्न आ रहे हैं। एक विश्व बाज़ार यदि साक्षात हो रहा है तो उसके उत्पातों से परेशान विश्व जन भी एक साथ होते नजर आने चाहिए। तकनीक इस संघर्ष का जरिया ही नहीं एक अखाड़ा भी है। तकनीक स्वामी और तकनीक उपभोक्ता, तकनीक निर्माता और तकनीक सेवन के बीच कई स्तरीय अंतर्विरोध नए पूँजीवाद के ही अंतर्विरोध हैं। कम्युनिस्ट विचार में भी इनकी अभी तक कोई शिनाख़्त नहीं है।

उत्पादन की प्रक्रिया के अंतर्विरोध यदि अब उपभोक्ता क्षेत्र के अंतर्विरोधों में बदल गए हैं तो 'उपभोग' का क्षेत्र एक बड़ा अंतर्विरोधी और संघर्षमूलक अखाड़ा बनता है जो नए पूँजीवादी अंतर्विरोधों का संकेतक बनता है। इसकी चाल को बारीकी से पहचानना क्या कम्युनिस्टों का काम नहीं? लेकिन उनमें से ज़्यादातर तो पूँजीवाद से लड़ने की जगह तकनीक से ही लड़ते रहते हैं। क्या तकनीक के बारे में यही मार्क्सवादी आचरण है?

राजनीति से ज़्यादा उपभोग, संस्कृति और सूचना में संघर्षों का चले आना बताता है कि अंतर्विरोधों का प्रकटीकरण अब स्थान परिवर्तन करता है, वह चंचल, अस्थिर मिलते हैं। उपभोग से पर्यावरण के प्रश्न, धरती के संरक्षण के प्रश्न जुड़े हैं। संस्कृति से आनंद निर्माण के प्रश्न जुड़े हैं और सूचना से ज्ञानाधिकार के प्रश्न जुड़े हैं। इन सबका कोई समग्र, एक केंद्रित संघर्ष केंद्र नहीं है। यह अनेक केंद्राभिमुखता क्या नए अखाड़े की नई प्रस्थापना नहीं और क्या मार्क्सवाद को अनेक केंद्राभिमुख नहीं किया जाना चाहिए? नए प्रश्नों से नहीं टकराना चाहिए? अपने आपसे कुछ कठोर सवाल नहीं पूछने चाहिए? उत्पादक शक्तियों और उत्पादन संबंधों के बीच उपभोग के चिह्नों, उनके विनिमय और पूँजी एवं आनंद के निर्माण के भीतर उठते-गिरते अनेक स्तरीय प्रश्नों को नहीं दीखना चाहिए? क्या पार्टियों को अपने ढाँचे में बदलाव नहीं करने चाहिए?

ए. वुकारिन नामक सोवियत विद्वान ने एक महत्त्वपूर्ण किताब (1979) लिखी थी 'द पासिंग एज'। यह लेट बुर्जुआ इपॉक में विचारधारा और संस्कृति की भूमिका

की व्याख्या करती थी। 'लेट बुर्जुआ' की गुजरती दुनिया ने समाजवाद तोड़ दिया, समाजवाद ने दुनिया में 'नया मनुष्य' बनाने की बात की तो वही 'पास्ड आउट एज' हो गया, कुज़नेत्सोव की 'फिलासफी ऑफ ऑप्टिमिज़्म' (1977), एल गोर्डन की 'मैन आफ्टर वर्क' (1975) और मिकेशिन की 'हिस्ट्री वर्सेज एंटी हिस्ट्री' (1977) आदि किताबें अचानक झूठी ज्ञात होती हैं। ऐसा ढेर सा साहित्य बेकार लगता है। सोवियत सत्ता के होने से समाजवादी विचार कितना ऊर्जावान था, महसूस होता है लेकिन वैचारिक भिड़ंतों में सोवियत विचार पूँजीवादी विचार के आगे टिक नहीं सका, यह अनुभव कष्ट देता है।

'सोशलिज्म टुमॉरो' नामक निबंध में कॉलेटी ऑड्री कहते हैं : 'दुनिया की जनता के समाजवादी संघ की कल्पना और मानव मात्र के समाजवादी भविष्य का सपना अब भी क्षितिज पर चमक रहा है लेकिन यह कहना भी सही होगा कि क्षितिज बादलों से घिरा है और कल परसों में स्थगित हो गया है' (सोशलिज्म टुमॉरो वही, पृ. 33)

दरअसल समाजवाद का मार्ग लंबा है और सीधा-सादा नहीं है और जितना आसान उसे हमारे पूर्ववर्तियों ने समझा था, उतना आसान न होकर वह अनंत जटिलताओं से भरा है। हमें याद रखना चाहिए कि अब तक पूँजीवाद ने यह सिद्ध किया है कि वह अपने संकटों पर काबू पा लेता है। आज के समाजवादी मानते हैं कि समाजवाद का मतलब गारंटीशुदा भविष्य नहीं है और जब हम यह मानते हैं कि समाजवाद का मतलब कोई गारंटीशुदा भविष्य नहीं है तो इसका मतलब यही है कि आगे समाजवाद को हमें एकदम बेहद भिन्न आलोक में देखना होगा। (वही, पृ. 37)

कम्युनिस्ट मैनिफ़ेस्टो की उक्त पंक्तियाँ बताती हैं कि मार्क्स-एंगेल्स पूँजी और उसकी व्यवस्था के भावी फलागम को देख रहे थे। यह फलागम पूँजीवादी व्यवस्था के संकट के संग उसके टिकाऊपन के तरीकों के बारे में भी बताता है। जो भूमंडलीकरण आज हम देख-भोग रहे हैं, उसके लक्षण 1848 में मार्क्स-एंगेल्स देख रहे थे।

यदि हम मार्क्स-एंगेल्स के 'कलैक्टेड वर्क्स' से उनके उद्धरण के अपने अनुवाद को यहाँ न लें और अरसा पहले सी. पी. आई. द्वारा जारी कम्युनिस्ट घोषणा-पत्र से उक्त अंश उद्धृत करें तो हमें बलाघात का फर्क तो मालूम पड़ेगा ही, हमें यह भी मालूम पड़ेगा कि सोवियत क्रांति के बाद पूँजीवाद को क्षयशील, पतनशील सिर्फ लाक्षणिक अर्थ में माना जाता था बल्कि उसे पतित होता, बिखरता दिखाया जाता था। समाजवाद के होने से 'अनुवाद' का बलाघात बदल जाता था, जिस तरह समाजवाद

के गिरने के बाद मैनिफ़ेस्टो के इन अंशों के बलाघात बदले दिखते हैं। विमर्श के सहारे बदल जाने से 'पाठ' बदलते हैं।

बहुत से मार्क्सवादी कम्युनिस्ट मैनिफ़ेस्टो को मार्क्स-एंगेल्स की कोई गहन रचना नहीं मानते। वह एक घोषणा है, प्रचार है। लेकिन जब पिछले दिनों उसकी डेढ़ सौवीं वर्षगाँठ यत्र-तत्र मनाई गई तो भी उत्तर सोवियत काल में, इन अंशों पर विद्वान मार्क्सवादियों का ध्यान नहीं गया, कारण वही है : पुराने ढंग के मार्क्सवाद की कैद। शीतयुद्धीय मुहावरों की कैद। पूँजी और पूँजीवाद के वस्तुगत, गति विज्ञान के नए संस्करणों को 'वास्तविक' स्वीकार करने की जगह 'षड्यंत्र थीसिसों' से काम चलाना। जब किले ढह गए तब भी तोपची तोप से चिपके बैठे दिखते हैं। इस मुद्रा में या तो हारने की कसक होती नहीं या होती है तो दिख जाती है। नहीं यह मार्क्सवादी की मुद्रा तो नहीं हो सकती। शहरयार की एक ग़ज़ल का शेर है :

मैं जिसके लिखने के अरमान में जिया अब तक।
वरक़ वरक़ वो फ़साना बिखर गया यारो॥

सच! फसाना! नेरेटिव! सपना! समाजवाद एक फसाना था। नेरेटिव था। सपना था। और जब तक उससे बेहतर कोई फसाना, नेरेटिव, सपना नहीं बनता तब तक वह फिर फिर देखे जाने योग्य, कहे जाने योग्य है।

कोई अचरज नहीं कि ल्योतार मार्क्सवाद को 'अंतिम महा वृत्तांत' कहते हैं। 'ग्रांड नेरेटिव कहते हैं। उत्तर-आधुनिक विमर्शों में मार्क्सवाद अंतिम महा वृत्तांत है क्योंकि आखिर तक वह आधुनिकता को 'समग्रीकृत' करता है। वह एक समग्र सपना है, समग्र नक्शा है। पूँजीवाद की समग्रता के बरक्स एक संपूर्ण विकल्प और शायद यहीं कहीं उसका नक्शा पूँजीवादी ढाँचे से बाहर नहीं जा सका। मार्क्स अपने वक्त के ढाँचे से बाहर न जा सके, यद्यपि उनकी नज़र बहुत दूर तक देख सकती थी। शायद सबसे ज़्यादा दूर तक देख सकती थी। जिससे लड़ना था उसी जैसे बनने की द्वंद्वात्मकता के शिकार!

यह यहाँ एक तरह की बदतमीजी नहीं कर रहा। मार्क्स पर शंका कर रहा है और वह भी वैसी ही शंका जो मार्क्सवाद के दुश्मनों ने लगातार प्रचारित की। शायद हाँ! अब जब खोने को कुछ नहीं बचा है तो अपने आपसे शंका, सवाल तो करने ही चाहिए।

सपना है तो शंका होनी चाहिए। लेकिन जिसे वैज्ञानिक समाजवाद कहा

गया उसमें 'सपने' की वैसी गुंजाइश नहीं बचती तो भी यदि हम मार्क्स को स्वप्नदर्शी न कहें तो क्या कहें जिसने दुनिया को बदलने का सपना देखा, बदलने की चुनौती को ही इतिहास और ज्ञान की असल चुनौती माना और बदलने के नुस्खे सुझाए, जिस पर बहुत दूर तक अमल हुआ, दुनिया बदली और अब उस दुनिया के खोजने की व्यथा रुलाती है। खो गई? या बदली। समाजवाद से पूँजीवाद में बदली! सच! इस समूचे विमर्श में एक मासूमियत है, एक स्वप्नदर्शिता है। मार्क्स-एंगेल्स भी स्वप्नदर्शी थे। शायद रोमांटिक भी। 'कैपीटल' के तीसरे खंड को लिखते वक्त मार्क्स ने कुगलमान को लिखा : 'मैं दिन-रात पागल की तरह काम कर रहा हूँ। मैं अपने आर्थिक अध्ययपन को कुछ इस तरह व्यवस्थित कर रहा हूँ ताकि जब (क्रांति का) प्लावन आए तो उससे पहले मेरे पास उस (प्लावन) का नक्शा तो रहे।' (देखिए, द पोस्ट-इंडस्ट्रियल सोसाइटी, डेनियल बैल, पृ. 371) डेनियल बैल, जिन्होंने शीत-युद्ध के दौर में समाजवाद पर सबसे तीखी किंतु गहन टीकाएँ लिखीं और पूँजीवादी व्यवस्था की लगातार पैरोकारी की, मार्क्स के उस पत्रांश को उद्धृत करने से पहले लिखा है : "सामाजिक व्यवस्थाएँ (सिस्टम्स) खत्म होने में बहुत समय लिया करती हैं। 1850 के आसपास मार्क्स ने सोचा कि 'ऐतिहासिक क्रांतिकारी प्रक्रिया' बुर्जुआ समाज व्यवस्था को कमजोर कर रही है और यूरोप को समाजवाद की दहलीज़ पर ला रही है। उसे डर था कि कहीं उसके 'कैपीटल' के लिखने के पहले ही अंतिम उतार-चढ़ाव न हो जाए।" (वही)। इस खातिर कुगलमान को पत्र लिखा!

मार्क्स कवि थे, कविता प्रेमी थे, स्वप्नदर्शी थे। उनका उस वक्त की युगांतरकारी घटनाओं को देखकर उत्तेजित हो उठना कोई असंभव बात नहीं। उनकी भाषा बताती है कि वे रूपकों के महारथी थे। उन्हें सचमुच लगता था कि वर्ग समाज में, वर्गीय अंतर्विरोधों के तीव्र होने से औद्योगिक देशों में क्रांति घटित होगी।

दुष्ट डेनियल बैल बेहद ठंडेपन से इस प्रसंग पर टिप्पणी करते हुए कहते हैं। लेकिन अब भी पुरानी व्यवस्था ही थी, जो ढह रही थी तो भी उस पुरानी व्यवस्था में जान थी और जो आधी शताब्दी तक चली (वही), अपनी जल्दबाजी में हम अक्सर भूल जाते हैं कि राजशाही जर्मनी, रूस, आस्ट्रिया, हंगरी, इटली में 1818 तक रही। प्रथम विश्व-युद्ध के बाद साम्यवादी क्रांति हो सकती थी लेकिन उसने 'पूँजीवाद' को नष्ट नहीं किया बल्कि 'सामंतवाद' के राजनीतिक अवशेषों को खत्म किया (वही, पृ. 372)।

हम किस तरह हारे हैं, हार का इतिहास क्या है इसे देखने के लिए हमें

समाजवाद और पूँजीवाद के विमर्शों के बीच हुए कुछ संवादों को देखना चाहिए जो बार-बार कहते हैं कि पतनशील पूँजीवाद में, संकटग्रस्त पूँजीवाद में, यथार्थ को भ्रम में बदल देने वाले पूँजीवाद में, बीमार पूँजीवाद में अनंत जिजीविषा बची है और नए मनुष्य को बनाने वाले समाजवाद में वैसी जिजीविषा नहीं बची। वह पूँजीवाद की यह जिजीविषा सामंतवाद विरोधी क्रांति के साथ 'आजादी' को लेकर आगे बढ़ी।

यदि हम आज सोवियत वक्त की सोवियत किताबों को उठाकर देखते हैं तो उनमें पूँजीवादी विचारकों से एक मुठभेड़ दिखाई देती है। यहीं पूँजीवाद के बरक्स प्रतिविचारों में एक उलझन दिखाई देती है जो तब नहीं दिखाई देती थी और अब ज़्यादा दिखाई देती है। यह गिरने के बाद का विमर्श है जरा देखें।

समाजवाद के 'शत्रु', बाद में 'थियरी ऑफ कन्वर्जेंस' वाले सिद्धांत के एक प्रवक्ता बैल 'मार्क्सवाद' के 'बेसिक्स' पर जा रहे हैं। उधर मार्क्सवाद का रद्दे अमल इसे 'समाजवाद' कहता है। यदि शीत-युद्ध के मुहावरों और उनमें निहित तीखी विभक्तियों को फिलहाल छोड़ दिया जाए क्योंकि इन दिनों शीत युद्ध की तीखी विभक्तियों का अनुभव 'स्मरण' से ही संयोजित होता है, 'होता' दिखता नहीं, वह सद्यः नहीं है, समक्ष नहीं है। और जितना है वह इतिहास का हिस्सा है और उस तक जाने का अर्थ है उसकी पुनःसंरचना करना। यदि, हम शीत युद्ध के मुहावरों की पुनःसंरचना करते वक्त शीतकाल में ही रहेंगे तो हमारे मुहावरे वही रहेंगे जो कभी थे, किसी भी कम्युनिस्ट की तरह हम कहेंगे कि ये सब समाजवाद के शत्रु हैं उनका विश्वास नहीं किया जा सकता। समाजवाद के दलाल हैं, एजेंट हैं। हम सही हैं! सही हैं! सही हैं!

सही! ओह! यह शब्द मार्क्सवाद में (यानी मार्क्स-एंगेल्स के लेखन के बाद के समाजवादी दिनों में) बहुप्रचलित 'सत्तामूलक विमर्श' भर है। यह आज तक पीछा नहीं छोड़ता। तभी तो कम्युनिस्ट पार्टियों में इस अहसास का 'अभय' नहीं, शायद हमेशा रहता है कि वे कभी गलती नहीं मानतीं। 'वर्ग संघर्ष' में यह कैसा शाश्वतवाद घुस गया है कि 'वैज्ञानिक समाजवाद' की अवधारणा से 'लैस', कम्युनिस्ट हित बना तब भी गलती नहीं मानते जबकि उनका महल उनके सामने बैठ गया हो। यह नीरंध्रता 'मार्क्सवाद' को मार्क्सवाद क्या रहने देती है? क्या मार्क्सवाद पर मार्क्सवाद एप्लाई नहीं किया जाना चाहिए। वह तर्क आएगा जो कहेगा कि मार्क्सवाद को सिर्फ मार्क्सवादी ढंग से ही समझा जा सकता है। यह नीरंध्रता की अद्भुत सुरंग है। मार्क्सवादी ढंग यानी 'सिद्धांत-व्यवहार की एकता!' वह तभी संभव है जब आप मार्क्सवादी हो जाएँ, यह तब होगा जब आप किसी कम्युनिस्ट पार्टी

में सक्रिय हों! पार्टी का मतलब है समग्रतावादी पार्टी। वहीं लेनिन-स्टालिन के संगठन सिद्धांतों पर आधारित 'केंद्रवादी' प्रक्रिया की पार्टी। नहीं कॉमरेड यह किसी पार्टी की आलोचना नहीं है : यह उस अनुभव का कथन है जो हर कम्युनिस्ट को पार्टी में रहते हुए होता है कि जनतांत्रिक केंद्रवाद में केंद्रवाद हर बार हावी रहता है। क्योंकि जनतांत्रिकता में 'एक लाइन' नहीं चल पाती। इस तरह 'सत्य', या सही लाइन या नीति वही जो पार्टी को मान्य हो! जाहिर है कि इसके बिना पार्टी एक दिन नहीं चल सकती। सत्तामूलक विमर्श इसके बिना संभव ही नहीं! लेनिन ने इसे कभी छिपाया नहीं। स्टालिन ने तो इसे पूरी तरह सिद्ध ही कर डाला। इसलिए दुनिया भर की लगभग तमाम कम्युनिस्ट पार्टियाँ केंद्रवादी ही हो सकती हैं। हमेशा 'सही' ही हो सकती हैं। इसलिए 'बैल' जैसे को 'कोट' करना इन दिनों भी 'अपराध' से कम नहीं। लेकिन अब जब 'खोने' को कुछ बचा ही नहीं तो 'बैल' को 'कोट' करना, उस 'दुश्मन' को एक बार पढ़ना, समझना जरूरी लगता है!

इसी बिंदु पर, 'दुश्मन' को समझने के संदर्भ में फिर मुक्तिबोध याद आते हैं। यह उनके पत्रों की बात है। एक पत्र वे अमृतराय को लिखते हैं। संदर्भ रामविलास शर्मा का है। संदर्भ यह भी कि धर्मवीर भारती 'मानव मूल्य और साहित्य' में 'आदमी' की 'आजादी' और 'रोटी' के 'द्वंद्व' को अपने सामने ला चुके हैं, वे बहुत गहराई तक तर्क देते हैं। कम्युनिस्ट टोटलिज्म के विरुद्ध उनकी गहरी ज़िरह है, और भारतीय प्रगतिशीलों की मार्क्सवाद की 'अनपढ़ता' पर गहरी चोटें हैं। मुक्तिबोध अमृतराय को लिखते हैं : (धर्मवीर भारती) 'दाना दुश्मन' है। उसके तर्क का जवाब गंभीरता से दिया जाना चाहिए...रामविलास का अन्य प्रगतिशीलों के लिए जो उनका विरोधी है निंदनीय प्रतिक्रियावादी भर है। उसके तर्कों से उलझना नहीं है, जहाँ वह यदि सही है तो मानना नहीं है, यह संघर्ष का समग्रतावादी तरीका है। मुक्तिबोध यद्यपि साहित्य के संदर्भ में 'सही' की 'रणनीति' की सीमाएँ बताते हैं। लेकिन वे प्रकारांतर से कम्युनिस्ट संघर्ष पद्धति पर भी प्रकाश डालते हैं। यहाँ किसी रिएक्शनरी से एंगेज करने के तरीके पर जोर है।

मुक्तिबोध अपने लेख 'समीक्षा की समस्याएँ' में एक बार फिर इसी पद्धति की परिणतियों पर चर्चा करते हैं। यह चर्चा 'समाजवादी क्रांति' और 'आजादी' के शीतयुद्धीय द्वंद्व पर आगे लागू होती है। मुक्तिबोध 'समीक्षा की समस्याएँ' नामक निबंध में क्षोभ के साथ कहते हैं कि 'हमारे प्रगतिशील समीक्षकों ने यह नहीं देखा कि इस प्रयोगवादी नई शक्ति के क्षेत्र में विभिन्न प्रकार की भाव प्रवृत्तियाँ और विचार प्रवृत्तियाँ विद्यमान हैं उन्होंने तो एक काव्य प्रणाली ही को—उसके अंतर्गत

किसी विशेष प्रवृत्ति को नहीं,—पूर्णतः विकृत और प्रतिक्रियावादी घोषित किया।' (रचनावली, पाँच, 148) यों भारत में समाजवाद दूर-दूर तक नहीं था लेकिन पार्टी के देखने का नज़रिया यही था। असहमति को दंड अनिवार्य था। मुक्तिबोध पूँजीवाद के बारीक अंतर्विरोध पर नजर रखने की बात कहते हैं, उससे इंच-इंच भिड़ने की बात कहते हैं। जबकि 'ऑफिशियल कामरेड', पूँजीवाद को एक 'झाड़ू' से सकेर कर चल देना चाहते हैं, यह सोवियत समाज में साहित्याचरण की एक प्रकार की 'प्रतिच्छाया' लगती है। सर्वहारा की 'तानाशाही' वहाँ तो समाजवाद का निर्माण करती है लेकिन यहाँ? यहाँ वह संकीर्णता का निर्माण करती है। लेकिन यह कथन भी संदिग्ध कथन है अब। मामला टेक्टीकल मात्र नहीं लगता।

जरा देखें : 'इपॉक' पूँजीवादी था और है! युग का यह आकलन मार्क्स-एंगेल्स का ही है, इस तरह खेल जनतंत्र का था। युग जनतंत्र का था। पूँजीवाद का अपना जीवन चार सौ साल का है। मार्क्स-एंगेल्स के समय में वह जनतंत्र को अपना विचार मानता था। मार्क्स ने इसे बुर्जुआ वर्ग की तानाशाही बताया लेनिन ने इसे और भी सुस्पष्ट किया और बदले में सर्वहारा की तानाशाही की बात की!

कहने की जरूरत नहीं कि समाजवाद और साम्राज्यवाद के बीच लंबे विचारधारात्मक संघर्ष का एक बुनियादी मुद्दा तानाशाही बनाम जनतंत्र रहा है। सत्ता बनाम व्यक्तिगत आजादी रहा है। कम्युनिस्ट मैनिफ़ेस्टो लेखक ने मार्क्स द्वारा उपयुक्त 'डिक्टेटरशिप ऑफ प्रोलेतारियत' शब्द पर टिप्पणी करते हुए कहा है कि 'तानाशाही' शब्द का उपयोग मार्क्स ने 'चलते-चलते' किया। यह उनका बुनियादी 'पद' नहीं है कि वे जनतंत्र के हामी रहे हैं। पेरिस कम्यून के पतन के बाद मार्क्स 'सर्वहारा की तानाशाही' का प्रयोग करते हैं। यह प्रयोग मार्क्स की अपने ढंग की पदावली नहीं बनता। वे कुल पाँच बार इसका प्रयोग करते हैं। लेकिन इसकी व्याख्या बाद में लेनिन-स्टालिन द्वारा की जाती है और 'तानाशाही' को उसकी ऊँचाइयों पर पहुँचा दिया जाता है।

सच! यह तर्क सही लगता है कि हजारों सालों से दबे-कुचले लोग जब सत्ता में आएँगे तो वे जनतंत्र के विलास को गवारा नहीं कर सकते, राज्यसत्ता तानाशाही ही है। इसलिए उनकी भी तानाशाही होगी ही, नौकरशाही होगी ही। राज्यसत्ता को चलाने वाली नौकरशाही को बदलेंगे भी तो नई नौकरशाही लानी होगी। नौकरशाही आधुनिक राज्यसत्ता का संचालक तत्त्व है। वेबर की यह बात 'नए समाज' के निर्माण के संदर्भ में मार्क्सव्राद के विरोध में आती है लेकिन कालांतर में पता चलता है कि समाजवाद भी एक प्रकार की नौकरशाही सत्ता थी। इस प्रकिया

में व्यक्तिगत आजादी और जनतंत्र का मसला बार-बार उठता है।

इस तरह एक ओर पूँजीवाद है, व्यक्तिगत संपत्ति के अधिकार की रक्षा की बात है, उससे निकलने वाली व्यक्तिगत आजादी की बात है, चयन की बात है, 'डिजायर' की बात है और पूँजीवाद के शोषण के बावजूद उसके आकर्षण की बात है। दूसरी ओर प्रापर्टी के अधिकार को खत्म करने की बात है, व्यक्तिगत आजादी को मध्यवर्गीय परजीवीपन मानने की बात है। वही रोटी बरक्स कमल का विलोम! सोवियत क्रांति के ऐन बाद सबसे बड़ी रद्दोबदल व्यक्तिगत संपत्ति के स्वामित्व और 'आजादी' की अवधारणा को लेकर ही की गई। पार्टी की तानाशाही सर्वहारा की तानाशाही बन गई। एक नया दौर आया। लगा कि बुर्जुआ नौकरशाही की जगह नए ढाँचे से नौकरशाही से मुक्ति मिल जाएगी। नहीं मिली, एजेंडा वही रहा। 'तानाशाही' बनाम आजादी। सोवियत के गिरने के पीछे इसी 'ग्लासनोस्त' का हाथ रहा, इससे यही सिद्ध हुआ कि समाजवादी व्यवस्था में 'आजादी' एक विलोम पदावली ही रही और इस विलोमी पदावली का दबाव इतना रहा कि समूची सोवियत पार्टी एक दिन आजादी की ओर आई और बिखर गई। समूचे शीत-युद्ध काल में यही पद केंद्रीय बना : स्वतंत्रता! आजादी! सामंतवाद विरोधी विचार का सार! पूँजीवाद का सार। सच! यह पूँजीवाद का घिराव ही रहा जिसने समाजवाद को चैन न लेने दिया। आजादी के प्रश्न एजेंडे पर वह रखता रहा : आजादी के प्रश्न के जो सामंतवाद विरोधी क्रांतियों के सार थे, जों साम्राज्यवाद विरोधी क्रांतियों के सार थे, जो आधुनिकता के लक्ष्य थे। ऐसे में स्वाभाविक ही था कि आजादी के प्रश्न उनसे जुड़े स्वामित्व के प्रश्न समाजवादी मनुष्य के सामने भी बार-बार आते रहते। वे आए और जब वे आए तो ऐसे कि उसे पूँजीवादी समाज के मनुष्य से भी बदतर बना बैठे!

सोवियत पतन के पीछे वही कम्युनिस्ट पार्टी थी जिसने गोर्बाचेव को शीर्ष पर बिठाया। यही पार्टी थी जिसने अपनी तानाशाही को भंग करके खुद को भंग किया और इसी पार्टी के अनेक ऐसे 'एपार्चिक' थे जिन्होंने येल्तिसिन के वक्त में समाजवादी व्यवस्था के दौरान बने जनक्षेत्र के उद्योगों को औने-पौने दामों में नीलाम कराके अपने कब्ज़े में लिया। सत्तर साल बाद पार्टी में ऐसे तत्त्वों का ऐसा बाहुल्य यही बताता है कि समाजवाद के नित नए सोपान चढ़ने की बातों और दावों के पीछे खोखलापन था, झूठ था, जो एक हवा के झोंके के संग ही खत्म हो गया!

तब क्या समाजवाद सामंती संबंधों में घिरे गरीब देशों में पूँजीवादी एजेंडों को पूरा करने का ही दूसरा नाम रहा? क्या यह सामंतीय कृषि संबंधों के विरोधी

एजेंडों को पूरा करने का एक दौर भर रहा जिसमें समाजवाद के कथित वैज्ञानिकतत्त्व कम काम करते थे? यानी क्या जो टूटा वह समाजवाद नहीं था, सिर्फ अंतरंग एवं स्वाभाविक पूँजीवाद था जो कम्युनिस्ट पार्टी की निरंकुश पार्टी सत्ता ने पैदा किया था और अब वह पूँजीवाद में शामिल हो गया? तब क्या यह सब एक प्रकार से पिछड़े समाजों में पूँजीवादी क्रांति जैसा ही नहीं था जिसे किसी पूँजीवादी पार्टी ने पूरा नहीं किया बल्कि कम्युनिस्ट पार्टी ने पूरा किया?

सारी बहस के केंद्र में बार-बार क्रांति के 'चरण' जनतांत्रिक क्रांति के चरण की बात आती है। सोवियत संघ के पतन के दौर में और बाद में भी पिछड़े देशों की कम्युनिस्ट पार्टियाँ जनतांत्रिक क्रांति। (नेशनल डेमोक्रेटिक-पीपुल्स डेमोक्रेटिक) की बात करती रहती हैं। यह क्रांति मूलतः सामंतवाद विरोधी पूँजीवादी चरण ही कहलाता है। फ़र्क सिर्फ इतना किया जाता है कि इस क्रांति को मज़दूर वर्ग की रहनुमाई में होना होता है। उम्मीद की जाती है (और की गई थी) कि यह क्रांति चूँकि मज़दूर वर्ग के नेतृत्व में होगी इसलिए समाजवादी दिशा लिए रहेगी।

लेकिन ऐसा नहीं हुआ। कम्युनिस्टों की रहनुमाई में भी वह दिशा बदल गई। सोवियत संघ में बदल गई। चीन में बदल रही है। वियतनाम की कम्युनिस्ट पार्टी जो अमरीकी साम्राज्यवाद से कुछ पहले तक युद्धरत रही है, जिसने साम्राज्यवादी हमलों की चोटें सबसे ज़्यादा सही हैं, वह बहुराष्ट्रीय कंपनियों को नियंत्रित कर रही है। क्यूबा की पार्टी भी पूँजीवादी प्रवेशों के लिए द्वार खोल रही है। समाजवाद के सत्तर साल बाद पूँजीवादी मार्ग पर भटकना क्या बताता है? अपने हर दस्तावेज़ में पूँजीवाद के संकटों की बात करते हुए कम्युनिस्ट क्यों स्वयं संकट में फँसे।

यहीं समाज के विकास के चरण, क्रांति के स्वरूप के निर्धारण और इस संक्रमण में उठने वाले अनपेक्षित सवालों के उत्तर खोजने के तरीकों के सवाल उठते हैं। सोवियत क्रांति का उत्साह पूँजीवाद के 'अब खत्म' होने का सपना, हर लाइन में 'मार्क्सवाद से लैस' होकर स्वयं को हमेशा सही समझने वाली बात और द्वंद्वात्मक भौतिकवाद के नाम पर 'सत्य सिर्फ मेरे पास है' वाला ग़ैर-द्वंद्वात्मक रवैया 'आत्म औचित्यवाद' में बदल जाने पर बहरेपन को जगह देता है। द्वंद्वात्मकता तो समाजवाद में, पार्टी में भी लागू होनी चाहिए। समाजवाद से पूँजीवादी द्वंद्व भी एक द्वंद्वात्मक स्थिति की परिणति है।

कहने की ज़रूरत है कि मज़दूर वर्ग (सर्वहारा) का नेतृत्व, पूँजीवादी क्रांति के चरण को पूरा करने के एजेंडे को तो पूरा करता है लेकिन पूँजीवादी मनोविज्ञान की ज़रूरत, व्यक्तिगत स्वातंत्र्य, आजादी, चयन की स्वतंत्रता आदि को जगह नहीं देता।

यह कहीं-कहीं तो जनतांत्रिक एवं समाजवादी क्रांति दोनों को मिलाकर चलता है। सामंतवाद से लंबी लड़ाई में पूँजीवाद के लिए 'आधुनिक मनुष्य' बनाम व्यक्तिगत स्वातंत्र्य सिर्फ सांस्कृतिक नहीं, 'जैविक मूल्य' की तरह रहा है। यह पूँजीवाद का उज्ज्वल पक्ष रहा है। इसीलिए सामंतवाद के विरोध में लंबे संघर्ष में जो रचनात्मक मूल्य प्राप्त हुआ वह मनुष्य की आजादी का रहा (पूँजीवाद में भी 'आजादी' पूरी तरह नहीं मिलती और उसे मार्क्स ने सिर्फ 'साम्यवाद' में संभव समझा जो कि अभी एजेंडे पर भी नहीं था)। कम्युनिस्ट पार्टियों ने इस 'आजादी' की 'द्वंद्व-बहुलता' को अपने यहाँ प्रश्रय नहीं दिया, सिर्फ केंद्रवाद, निरंकुशता का बोलबाला रहा। पूँजीवाद के बरक्स समाजवादी चरण में, इसे इसलिए जरूरी बताया गया ताकि पूँजीवाद से लड़ा जा सके। सामंतवाद से लड़ाई के संग तुरत पूँजीवाद के खिलाफ लड़ाई को जोड़ देने से ऐसा हुआ। मार्क्स के 'पाठ' को समाजवादी 'आसन्नता' में 'रिड्यूस' कर दिया गया। पूँजीवाद और उसके मूल्य 'आजादी' को ख़तरनाक मानकर चला गया। पूँजीवादी साम्राज्यवाद ने भी यहीं समाजवाद को पकड़ा। 'आजादी' विचारधारा के संघर्ष में एक बहुत बड़ा निर्णायक 'पद' बना और यहीं उक्त कथित 'गैरकम्युनिस्टों' के साथ कम्युनिस्टों के व्यवहार की परीक्षा हुई जिसमें कम्युनिस्ट प्रायः फेल हुए। हम देखते हैं कि कम्युनिस्ट पार्टियों ने जिन समाजों में क्रांति की वे पूँजीवादी क्रांति के चरण में हुई, जो विकसित पूँजीवादी समाज़ रहे, वहाँ कम्युनिस्ट पार्टियाँ कभी सत्ता में नहीं आ सकीं। इससे इतना ही सिद्ध होता है कि पिछड़े समाज, किसी सूरत में समाजवाद में 'छलांग' नहीं लगा सकते थे। वह भी तब जब पूँजीवाद का प्रसार चौतरफा था और जो समाजवाद से बाहर की तीन-चौथाई दुनिया का एजेंडा था। यही नहीं, जहाँ मज़दूर वर्ग ने पूँजीवादी क्रांति को समाजवादी क्रांति के नाम पर संभव किया वहाँ के समाज को न तो समाजवादी बनाया जा सका न पूरी तरह पूँजीवादी! इसलिए कई जगह बिना सोचे-समझे पूँजीवाद की ओर दौड़ लगानी पड़ रही है।

हम फिर कह रहे हैं कि डेनियल बैल ने कहा था कि असल एजेंडा 'सामंतवाद' विरोधी ही है। कम्युनिस्ट इससे ज़्यादा कुछ नहीं कर सकते। लेकिन वे इतना भी नहीं कर सके क्योंकि पूँजीवादी आधार के विकास को आजादी के विरोध की ओर ले गए। हम फिर कहें कि पूँजीवादी का बुनियादी सांस्कृतिक मूल्य 'आजादी' एक समग्र मूल्य रहा, जैविक मूल्य रहा, अस्तित्वमूलक मूल्य रहा। सामंतवाद के खिलाफ लंबी लड़ाई में सामंतवाद के शोषण से पहली बार मुक्त हुए लोग पूँजीवाद को अंतिम मुक्ति मानने लगे। मार्क्स ने समाजवाद का सपना देकर इससे आगे का रास्ता सोचा। यहीं डिक्टेटरशिप ऑफ प्रोलेतारियत की बात आई। समाजवाद लाने

की बात आई, पूँजीवाद बरक्स समाजवाद की 'बाइनरी' स्थिर हुई, समाजवाद लाने वालों ने 'आजादी' के मूल्य को तिलांजलि दे दी...तीन-चौथाई विश्व में पूँजीवाद ने अपना प्रसार किया। अपने 'संकट' को 'आजादी' के साथ ही हल किया। सामंतवाद विरोधी 'आजादी' का मूल्य कम्युनिस्टों द्वारा लाई जा रही 'तानाशाही' के विरुद्ध चलाया। पूँजी चाहिए निजी संपत्ति चाहिए, स्वतंत्रता चाहिए। बुर्जुआ क्रांतियों के ये मूल्य रक्त में समा गए। यही कम्युनिस्टों की तानाशाही के खिलाफ गए। पूँजीवाद 'क्रांतिकारी' रहा। मार्क्स के शब्दों में 'क्रांतिकारी'। उसने अपने संकट छिपाए नहीं लेकिन वह गिरा भी नहीं। पूँजीवाद ने दूसरे युद्ध के बाद जिस तरह तकनीकी क्रांति में निवेश किया उसी तरह तकनीक ने आजादी को चरम क्षण दिया, 'उपभोग' का क्षण दिया। उसके सहवर्ती मूल्य आजादी में भी निवेश किया। समूचे समाजवाद विरोधी विमर्श में पूँजीवाद ने आजादी को एक बुनियादी औजार की तरह चलाया और अंत में कामयाब हुआ। 'ग्लासनोस्त' एवं 'पेरेस्त्रोइका' के निर्माता और सोवियत पतन के कर्त्ता-धर्ता गोर्बाचेव अकेले नहीं रहे जो पूँजीवादी रास्ते पर जाने के लिए तैयार थे। दुनिया की विशाल कम्युनिस्ट पार्टी जो 'मार्क्सवादी विचारों' से 'लैस' रही, जिसने कभी गलती नहीं। वह अपने शीर्षस्थ नेताओं के साथ ऐसा क्यों मानने लगीं कि यह सिस्टम चल नहीं सकता। 'सुधार ज़रूरी है'? थोड़ी आजादी ज़रूरी है, पुनर्गठन ज़रूरी है। केंद्रवादी व्यवस्था चल नहीं सकती। गोर्बाचेव ने सोवियत संघ खत्म कर दिया। 'वह साम्राज्यवादी दलाल था' जैसे आरोप सोवियत पतन के 'कारकों' पर ध्यान न देने के बहाने हैं। वे विमर्श की स्तालिनी तर्ज पर सोवियत पतन को 'संशोधनवाद' का पतन कहते हैं। यह नहीं देखते कि स्वयं उनके कथनों में एक समस्या अंतर्निहित है, स्तालिनवादी तत्त्व मानते हैं कि सन् साठ के आसपास सोवियत व्यवस्था में 'संशोधनवाद' गहराने लगा था।

सोवियत पतन को इस तरह सन् साठ के बाद के संशोधनवादी नेतृत्व का परिणाम बताया जाता रहा है। यह ख़ास तर्ज़ स्तालिनी तबकों में पाई जाती है। इसके लिए सोवियत का पतन संशोधनवाद का पतन है, समाजवाद का नहीं। यही तत्त्व यह भी मानते हैं कि छठे-सातवें दशक में समाजवाद में पूँजीवादी तत्त्व, निम्न पूँजीवादी तत्त्व प्रभावी होने लगे थे। इस व्याख्या के लिए स्तालिनी हरपाल बराड़ की किताब 'सोवियत संघ का पतन' देखी जा सकती है जो बेहद धैर्य से किसी क्लासिकल मार्क्सवादी की तरह सोवियत पतन के लिए संशोधनवादी रुझानों को एकमुश्त जिम्मेदार ठहराती है। यद्यपि इस क्रम में वह स्वयं ऐसे पाठ पेश कर देती है जिससे साफ हो जाता है कि संशोधनवाद के सिर ठीकरा फोड़ने की तरकीब

दरअसल उस 'वस्तुगत प्रक्रिया' को छिपाने की है जिसे मार्क्स 'बुर्जुआ इपॉक' (मैनिफ़ेस्टो) कहते हैं और कहते हैं कि पूँजीवाद ही समाजवाद की पृष्ठभूमि रचता है। यहाँ यह बहस आसानी से भुला दी जाती है कि पूँजीवादी ढंग से अविकसित देशों में समाजवाद की स्थापना की लहर में पूँजीवादी चरण पूरा किया जाए! यह वही 'चरण तय करने वाली' बहस है जो कभी प्लेखानोव एवं लेनिन के बीच चली थी। यहाँ लेनिनवाद समस्याग्रस्त होता है और यह समस्याग्रस्तता सत्तर वर्ष बाद भयावह ढंग से प्रकट होती है। इस बहस को जो कि सोवियत पतन ने याद दिलाई है और जिस पर स्तालिनी क्षोभ ने चुप्पी साध रखी है, यहीं छोड़कर, फिलहाल इस 'चरणाकलन' और कार्यनीति को समाजवादी छलांग में बदलने के बीच की असफलताओं को किस तरह संशोधनवाद की झोली में डालकर मुक्त हो लिया जाता है, इसे देखें। बराड़ की किताब इसे समझाने और कुछ बातें छिपाने में कामयाब होते-होते असफल हो जाती है। सोवियत पतन के कारणों पर विस्तार से विचार करते हुए सीताराम येचुरी कहते हैं :

'हालाँकि विकसित हो रही सामाजिक उत्पादन शक्तियों के साथ प्रबंधन के तरीकों के मेल न खाने के कारण 1970 के दशक में सोवियत अर्थव्यवस्था में आए ठहराव की पहचान कर ली गई थी जिसका स्टालिन ने 'इकानॉमिक प्रोबलम्स ऑफ सोशलिज्म इन यू.एस.एस.आर.' नामक रचना में पूर्वानुमान लगा लिया था। फिर भी समाजवाद के तहत आर्थिक निर्माण की महान प्राप्ति के अनुभव से सही सबक लेने के बजाय गोर्बाचेव नेतृत्व ने समाजवाद के विकास की समस्या के समाधान पूँजीवादी सुधारों की वकालत की।' ('सोवियत संघ का पतन', भूमिका, सीताराम येचुरी, पृ. iv) सीताराम की इस टिप्पणी में 'समाजवाद के विकास की समस्याओं के समाधान के लिए पूँजीवादी सुधारों' की वकालत पर ध्यान दें। समाजवाद की समस्याओं के लिए पूँजीवादी सुधार की जगह समाजवादी सुधार ही चाहिए थे! सही है, उन्हें ही लाया जाना चाहिए था। लेकिन वे नहीं लाए गए (क्या वे चीनी सुधार जैसे होते? कैसे होते, सीताराम नहीं बताते) कारण? गोर्बाचेव पूँजीवाद की ओर झुके हुए थे! यही विश्लेषण निकलता है, लेकिन समूची सोवियत पार्टी एक दिन जब अपने को भंग करने पर आमादा हो गई और बाद में पूँजीवादी रास्ते पर चलने वाले रूस की कम्युनिस्ट पार्टी तक पूँजीवादी सुधारों के पक्ष में खड़े होने पर बल दे तो क्या यह नहीं माना जा सकता कि यदि सत्तर के आसपास जो संशोधनवाद पनप गया था वह वस्तुगत स्थितियों की अभिव्यक्ति भी था तभी तो गोर्बाचेव की पूँजीवादी समझ ने और बाद में उन्हें धिक्कारती कम्युनिस्ट पार्टी ने पूँजीवादी सुधारों

का दामन पकड़ा, और फिर चीन की पार्टी? वह भी समाजवादी समस्याओं के समाधान के लिए क्या पूँजीवादी रास्ते की ओर नहीं लपक रही?

समूचे प्रसंग में 'वस्तुगत स्थिति' के आकलन की समस्या निहित है। यदि स्तालिन को यहाँ बहुत पहले मालूम रहा कि पूँजीवादी रुझान आ सकते हैं तो उन्होंने क्या उपाय किए? केंद्रीकृत व्यवस्था ने तीव्र विकास किया लेकिन समाजवादी ढाँचे में जो 'सर्प्लस' पैदा हुआ उसका क्या उपयोग होता? बराड़ कहते हैं : 'केंद्रीय नियोजन को धीरे-धीरे कमजोर किया गया। जिंसों के उत्पादन को बड़े पैमाने पर फैलाया गया। उत्पादन पर केवल एक ही मानदंड यानी अलग अन्य उद्यमों की लाभकारिता के आधार पर अधिकाधिक नियंत्रण किया जाने लगा। इसके साथ-साथ, व्यक्तिगत प्रोत्साहनों पर आधारित विभिन्न योजनाओं के तहत वेतनों में अंतर अभूतपूर्व पैमाने पर बढ़ गए, साथ ही तकनीकी तथा अन्य बुद्धिजीवी वर्ग सरकारी और पार्टी कार्यकर्त्ताओं को, उत्पादनकारी सर्वहारा वर्ग की कीमत पर काफी फायदा हुआ। इस प्रकार एक बड़ी विशेषाधिकार प्राप्त परत बनी। जो यथासमय नव पूँजीपति वर्ग बन गई और जिसने गोर्बाचेव के सत्तासीन होने के समय तक खुलेआम तथा मुखरित होकर बाजार अर्थव्यवस्था के लिए शोर मचाया और इसकी आधिकारिक स्वीकृति हासिल की ताकि पूँजीवाद की पुनःस्थापना को सरल बनाया जा सके। आखिरकार जब यह मंद बहाव तेजी पकड़ गया तो मुश्किल से ही कोई प्रतिरोध करने वाला बचा, क्योंकि सीपीएसयू ने अपने तीन दशकों के संशोधनवादी व्यवहार और मार्क्सवाद-लेनिनवाद के विरूपणों के कारण अपना पूर्व क्रांतिकारी जोश व जुझारू सर्वहारा सार खो दिया था। 1 करोड़ 90 लाख की सदस्यता के बावजूद यह एक कबाड़ में बदल चुकी है हालाँकि कुछ गिने-चुने सदस्य जिनकी संख्या शायद हजारों में होगी, पूँजीवादी पुनःस्थापना का विरोध करना चाहते थे पर कोविच के ज़्यादा शोर मचाने से परिदृश्य से गायब हो गए। (हरपाल बराड़, वही, पृ. viii-x)

बराड़ की किताब की यह विशेषता है कि यहाँ सातवें दशक के बाद धीरे-धीरे विकसित हो रहे पूँजीवादी विमर्शों का आलोचनायुक्त परिचय मिलता है जो यह सिद्ध करता है कि सीपीएसयू में, भीतर और बाहर पूँजीवादी मार्ग को लेकर एक वास्तविक चिंतन चलता रहा। गोर्बाचेव को उद्धृत करते हुए बराड़ कहते हैं : 'एक समय सत्तर के दशक के उत्तरार्द्ध में यह विशेष रूप से स्पष्ट हो गया—कुछ ऐसा हुआ जो प्रथम दृष्टि से अव्याख्येय था। देश की गतिशीलता कम होने लगी। आर्थिक असफलताएँ आम बात होने लगीं। कठिनाइयाँ जमा होने लगीं और गहराने लगीं तथा अनसुलझी समस्याएँ बढ़ने लगीं : वह चीज जिसे हम ठहराव कहते

हैं तथा जो समाजवाद के एकदम प्रतिकूल था सामाजिक जीवन में दिखाई देने लगा। सामाजिक व आर्थिक विकास से प्रभावित करने वाला एक प्रकार का 'गतिरोधी तंत्र' अस्तित्व में आ गया और यह उस समय हुआ जब वैज्ञानिक तकनीकी क्रांति ने आर्थिक व सामाजिक प्रगति के द्वार खोले थे।' (वही, पृ. 2) बराड़ फिर उद्धृत करते हैं : 'अंतिम पंद्रह वर्षों में राष्ट्रीय आय विकास दर में आधे से अधिक की कमी आई''.... हमारे राकेट 'हैली' कॉमेट खोज लेते हैं और आश्चर्यजनक सटीकता के साथ 'वीनस' तक उड़ान भरते हैं किंतु, इन वैज्ञानिक व तकनीकी उपलब्धियों के साथ-साथ आवश्यकताओं के लिए इन वैज्ञानिक उपलब्धियों के इस्तेमाल में दक्षता में साफ कमी दिखाई देती है।...(वही, पृ. 3-4)

इन उद्धरणों से जाहिर है कि मामला सिर्फ पार्टी लाइन के संशोधनवादी रुझान का नहीं है मामला जैसाकि सीताराम येचुरी ने कहा उत्पादन शक्तियों के साथ प्रबंधन के तरीकों के मेल न खाने के कारण भी बनता है। सीताराम स्वयं मानते हैं कि 1970 के दशक में सोवियत अर्थव्यवस्था में आए ठहराव की पहचान कर ली गई थी। यहाँ यह कटाक्ष व्यर्थ ही है कि जिस साफगोई से सीताराम येचुरी 'ठहराव' को अब स्वीकार कर रहे हैं, सी.पी.एम. के दस्तावेज़ में इसे समय रहते नहीं स्वीकार किया गया। कटाक्ष को छोड़ें मर्म की बात पर आएँ। यह तो मान ही लिया जाए (क्योंकि ऐसा माना जा रहा है) कि सत्तर के दशक में समाजवादी अर्थव्यवस्था में 'ठहराव' उपयुक्त था। उसकी पहचान भी कर ली गई थी। यह ठहराव इसलिए था कि उत्पादन की शक्तियों और प्रबंधन की प्रक्रिया में तालमेल नहीं रह सका। कारण दो हैं : केंद्रीकृत अर्थव्यवस्था का चले आना। उधर वैज्ञानिक तकनीकी क्रांति का होना जिसमें सोवियत संघ पीछे नहीं है। वह चाँद पर बग्गी भेजता है। तकनीकी स्वचालन वाली आटोमेशन की तकनीक की ओर कदम रख चुका है। तो भी प्रबंधन और उत्पादन में मेल नहीं कर पाता, पार्टी नहीं कर पाती। नेतृत्व नहीं कर पाता, कहने की ज़रूरत नहीं कि समाजवाद के निर्माण की यात्रा में ये वे नए सवाल रहे जिन पर पहले से कोई लाइन बनी-बनाई नहीं मिलती। नई अलग लाइन नहीं बनती!!

यह 'मेल का न होना' क्या है, यथार्थ और निर्देशन में तालमेल का न होना क्या है? लाख गाली दें लेकिन गोर्बाचेव इधर इशारा करते हैं और यदि हमें संक्रमण को समझना है, सोवियत संघ के पतन को समझना है तो गोर्बाचेव को चिढ़कर रद्दी की टोकरी में नहीं डालना चाहिए। गोर्बाचेव पूँजीवाद के नए संस्करण के प्रभाव को बड़ी तीखी भाषा में प्रकट करते हैं। वे इनसे आँखें नहीं मूँदते और ग्लोबलाइजेशन

पर टिप्पणी करते हुए कहते हैं : समकालीन विश्व सभी देशों के मध्य मौजूद सभी मौलिक मतभेदों के बावजूद परस्पर निर्भर और समेकित है। इस क्रम में वे कम्युनिस्ट पत्र द्वारा मान्य 'चार अंतर्विरोधों' को अमान्य करार देते हैं। गोर्बाचेव कहते हैं : परस्पर निर्भरता एवं समेकित होने के कारण हैं : 'विश्व अर्थ-व्यवस्था का अंतर्राष्ट्रीयकरण, वैज्ञानिक तथा तकनीकी क्रांति के लिए व्यापक अवसर, जन माध्यमों द्वारा निभाई जा रही ज़रूरी अद्‌भुत भूमिका, पृथ्वी के संसाधनों की स्थिति, पर्यावरण संबंधी आम ख़तरा तथा विकासशील विश्व की अत्यंत आवश्यक सामाजिक समस्याएँ जो हम सभी को प्रभावित करती हैं।' फिर भी यहाँ गोर्बाचेव के सामने मुख्य समस्या 'मानव अस्तित्व' को बचाने की है।

मार्क्सवादी कह सकते हैं कि यही गोर्बाचेव का भावुक निम्न पूँजीवादी प्रलाप है कि वह अंतर्विरोधों को 'मानव अस्तित्व' में 'रिड्यूस' करके किसी छात्र की तरह पेरेस्त्रोइका का निबंध लिखते हैं, जबकि साम्राज्यवाद के पास नाभिकीय हथियार हैं और यह शुद्ध समर्पणवाद ही है। सच, ऐसा लगता है। मगर मामला इतना भर तो नहीं है। गोर्बाचेव उस भूमंडलीकरण की ताकत को रेखांकित कर रहे हैं जब वे अर्थ-व्यवस्था के अंतर्राष्ट्रीयकरण के तकनीकीकरण की बात कर रहे हैं। 'ठहराव' में अर्थ-व्यवस्था के आगे नहीं जा पा रही है। जाए तो कैसे जाए। गोर्बाचेव 'समर्पण' करते हैं, सीपीएसयू समर्पण करती है, थकान दिखाती है, सोवियत संघ गिर जाता है मगर क्या गिरने के सिर्फ सब्जेक्टिव कारण ही देखे जा सकते हैं। पर कुछ ऑब्जेक्टिव कारण भी हो सकते हैं? बराड़ सारे कारण संशोधनवादी लाइन को समर्पित कर देते हैं। लेकिन पूँजीवादी रुझानों का विकास वह भी स्तालित के सख्त तंत्र के बावजूद अगर होता है तो ज़रूर उसके बीज स्तालिनी समाजवाद में रहे हो सकते हैं। हमारी समझ में एक बुनियादी पूँजीवादी बीज तो पूँजीवादी संचय के चरण का ही है जो सोवियत क्रांति के वक्त रूस में सामंतीय जारशाही के दौरान ही पनपने लगा था। रूस अविकसित पूँजीवादी देश ही था। क्रांति ने अपने स्तालिनी समय में भारी औद्योगिकी काम एवं कृषि के सामूहिकीकरण से पूँजीवादी क्रांति का ही कार्यभार पूरा किया और समाजवादी कार्यभारों का रास्ता खुल न सका क्योंकि पूँजीवादी कार्यभार अपनी पूर्णता माँगते थे। सत्तर के दशक में आया ठहराव दो तरह से टूट सकता था। एक स्तालिन के बाद वहाँ कोई पौलपोट आता और पक्की चाक-चौबंद खांटी 'समाजवादी व्यवस्था' कायम करता जो कि पूँजीवाद के प्रयोग की ओर मुड़ता। जो मोड़ सत्तर के दशक में शुरू हुए, वे ही बाद में गोर्बाचेव के नेतृत्व में प्रकट होने लगे। लेकिन जैसाकि स्वयं बराड़ ने कहा है : दो करोड़ के

लगभग सदस्यता वाली कम्युनिस्ट पार्टी में कुछ ही हज़ार लोग बचे जो विरोध करना चाहते थे और जो जल्दी ही कहीं गायब हो गए!

नहीं, मामला इतना सरल सपाट नहीं।

कुछ पूँजीवादी चिंतक जैसे मकारोव श्मेल्योव आदि की थीसिसों को विस्तार से उद्धृत एवं खंडित करते हुए बराड़ दो बातें स्वयं ही बताते हैं : पहली बात कि मकारोव सत्तर के बाद के वर्षों में जिस 'वृद्धि दर में गिरावट' की बात करते हैं, और लोग राजनीतिक व आर्थिक जीवन के प्रति उदासीन हो गए। उनसे बराड़ सवाल करते हैं कि 'मकारोव के लोग का मतलब बुद्धिजीवी वर्ग है, मज़दूर वर्ग नहीं। गिरावट बुद्धिजीवी वर्ग में आई, मज़दूर वर्ग में नहीं। यही बुद्धिजीवी वर्ग है, जो व्यक्तिगत पूँजीवादी लोभ व जमाख़ोरी, अधिक भौतिक प्रोत्साहन व आय विभेदकों द्वारा समाजवादी एकजुटता को विस्थापित करने के लिए शोर मचा रहा है....' (वही पृ. 34)। यह संशोधन का शोधन है। स्तालिनी बुद्धिजीवी विरोधी आह्वान है। परिस्थितियाँ मगर उपजी हैं। प्रश्न उठता है कि ऐसा क्यों हुआ कि बड़े पैमाने पर बुद्धिजीवी वर्ग (सोवियत पार्टी का प्रबुद्ध वर्ग, एलीट वर्ग, नेतृत्व वर्ग जिसे 'एपार्चिक' कहा जा सकता था जो स्तालिनी जमाने में ही पनपा था जिसमें सारे विशेषाधिकार थे जो सामंतवाद विरोधी मुहिम में विकसित हुआ था) पूँजीवादी संघर्ष में यकीन करने लगा? क्या सिर्फ संशोधनवादी नेतृत्व ने उसे ऐसा बना दिया था कि संशोधनवाद स्वयं पूँजीवादी विकास के नए चरण का मात्र प्रतिबिंब था और समाजवाद पूँजी संचय के तीव्र चरण में पूँजीवादी रास्ते से मुक्त कोई अलग रास्ता नहीं छेक पाया जिसका वह दावा करता था! या शायद यही कहना समीचीन होगा समाजवाद के विकसित होने वाले रास्ते में एक और तीव्र विकास (चाहे वह सत्तर के दशक तक हुआ हो) और पूँजी संचय और फिर पूँजी के अनुप्रयोग, उसके अनुकूल 'आजादी' की माँग, चयन की माँग के पीछे वस्तुगत स्थितियाँ रहीं जिन्हें तकनीकी तीव्रता ने तेज किया जिनमें सर्वहारा पलटकर निम्न पूँजीजीवी ही बन सकता था। निजी पूँजी के आधिपत्य के संस्कार क्या यों ही खत्म हो सकते थे जबकि दुनिया के तीन-चौथाई हिस्से में पूँजीवादी स्पृहाएँ जीवन शैलियाँ निर्मित होती रही हों और एक चौथाई हिस्से में समाजवाद नहीं आया और कायदे के पूँजीवाद का भी विकास नहीं हुआ। तब क्या सोवियत संघ ने मार्क्स की उसी उक्ति को चरितार्थ नहीं किया कि पूँजीवाद ही समाजवाद के रास्ते को प्रशस्त करता है वस्तुगत स्थितियाँ बनाता है। तब क्या कहा जाए कि अब, सोवियत पतन के बाद ऐसी वस्तुगत स्थितियाँ तेजी से बनी हैं जिनमें किसी नई समाजवादी क्रांति के बीज छिपे हैं।

शायद हाँ! एक देश, एक चरण की जगह अन्य कई मिश्र चरणों वाली, धीरे-धीरे बदलने वाली क्रांति जिसका चेहरा अधिक मानवीय जनतांत्रिक हो। सोवियत पतन के बाद समाजवादी विचार एवं मार्क्सवाद के प्रति सहनशीलता का व्यापक फैलाव और उसकी असंदिग्ध उपादेयता बताती है कि नई समाजवादी क्रांतियाँ अभी होनी हैं। सोवियत सत्ता का पतन उसी का एक चरण है। वे असफल होंगी लेकिन असफलताएँ अगली सफलताओं के लिए सबक देंगी!

× × ×

लेकिन हम फिर लौटें : हम देखें कि सोवियत पतन के दिनों में 'बदलाव' की अवधारणाएँ क्या थीं और क्या यह सिर्फ संशोधनवाद था या कि वस्तुस्थितियों के प्रति प्रतिक्रिया थी। जैसी प्रतिक्रियाएँ चीन की कम्युनिस्ट पार्टी, यहाँ तक कि वियतनाम की कम्युनिस्ट पार्टी कर रही है, जिसके समाज में साम्राज्यवादी अमरीका की बमबारी के घाव अभी पूरी तरह सूखे भी नहीं होंगे?

यानी सवाल यह कि आखिर पूँजीवादी व्यवस्था के साथ नए रास रचाने की यह आवश्यकता सीपीसी का संशोधनवादी (कैपीटलिस्ट रोडरवादी) रवैया है, वियतनाम का संशोधनवादी रवैया है या कि समाजवाद बनाम साम्राज्यवाद के बीच 'लगातार' तीखे हो रहे (ऐसे कहा जाता रहा है) अंतर्विरोधों का लुप्त हो जाना है। यह 'लोपन' पूँजीवादी चरण के कारण ही तो नहीं हो रहा है। लगता है कि कम्युनिस्ट पार्टी भी अंततः पूँजीवादी संरचना में यकीन करने लगी है और उनका अपने समाजवाद में वैसा यकीन नहीं रहा है जैसाकि लेनिन-स्तालिन के जमाने में रहा। तब क्या यह 'जमाने में बदलाव' का प्रतिबिंब है? शायद हो। माक्सर्वाद के अति संवेदनशील तबके 'पौलपौटिज्म' की ओर जाने की जगह यदि पूँजीवाद से 'बात' कर रहे हैं तो यह पूँजीवाद के उस 'पतनशील' चरण, 'संकटग्रस्त' 'चरण' की 'ताकत' है। मार्क्सवाद को इस ताकत को पहचानना चाहिए। चीन की पार्टी ने पहचानने की कोशिश की है। गाली देते-देते पतनशील कहते-कहते, संकटग्रस्त कहते-कहते आप खुद गिर गए, तो गाली न दें, उसे पहचानें, समझें, नए पूँजीवाद को समझें। 'लेट कैपीटलिज्म' और उसकी सामाजिक संरचनाओं को समझें। मकारोव श्मेल्योव को, गोर्बाचेव को कोसते हुए बराड़ दरअसल उस नए पूँजीवाद को, नई तकनीकी क्रांति को नहीं देख पा रहे जिसे सोवियत नेतृत्व देख रहा था और उसे देख अपने को बदलता था (यह अलग बात है कि वह बदलते हुए लड़खड़ा गया)। विखंडन के ऐन पहले, 1987 के आसपास समाजवाद के भीतर की स्थिति क्या थी? श्मेल्योव

साफ कहता है : 'आज की अव्यवस्था, शराबख़ोरी का कारण अति रोजगार है' (उद्धृत बराड़, वही, पृ. 38) 'समाजवादी सिद्धांत खैराती सिद्धांत नहीं है। जो इसके लिए उसकी उपयुक्तता के बावजूद स्वतः ही प्रत्येक व्यक्ति के लिए नौकरी की गारंटी देते हों।' (वही, पृ. 39)

पूछा जाना चाहिए कि 'सबको सबकी योग्यता के अनुसार काम सबको उसके काम के अनुसार दाम' के अमोघ सूत्र में 'खैरातीपन' कहाँ से आ गया? कामचोरी कहाँ से आई। श्मेल्योव उद्‌धृत करता है (बराड़ कोट करते हैं) 'निरुत्साह, उदासीनता, चोरी तथा काम के प्रति आदर की कमी आम बात है।' (वही, पृ.39) उत्पादन की शक्तियाँ बदल गईं। उत्पादक संबंध जड़ीभूत हैं। केंद्रीकृत हैं, नौकरशाहाना हैं। बराड़ स्वयं स्तालिन का उद्धरण देते हैं कि समाजवाद में उत्पादक शक्ति संबंधों में मेल था। सोवियत सरकार ने उत्पादन के साधनों का समाजीकरण किया, उन्हें सारी जनता की संपत्ति बना दिया तथा इस प्रकार शोषणकारी व्यवस्था का अंत कर दिया। (वही, पृ. 40) समाजवाद की आर्थिक समस्याएँ इसी तरह हल की गईं लेकिन दस-पंद्रह साल बाद स्तालिन के समय में समस्याएँ फिर आईं। ये समस्याएँ श्मेल्योव के अनुसार तो लेनिन की 'एनईपी' के दौरान ही पैदा हो गई थीं, इसने आर्थिक नियमों के विपरीत परिमाणात्मक नतीजे दिए और इसलिए ये भौतिक एवं मानव संसाधनों की बड़ी कीमत पर संभव हुए। (वही, पृ.43)

बराड़ मानते हैं कि ''केंद्रीय नियोजित अर्थ-व्यवस्था गुणवत्ता एवं दक्षता के मसलों को हल नहीं कर पाती'' ऐसे आरोप व्यंग्यात्मक भर हैं। एनईपी बेहतर रहती अगर 'नियोजित व्यवस्था' से चलाई जाती। उनका मानना है।

एनईपी कुछ और नहीं था 'पूँजीवाद की ओर वापसी' था। (वही, पृ. 44) लेनिन ने इसे अस्थायी कार्यनीति माना था। यह मज़दूर किसान के बीच गठबंधन बनाने की नीति थी। यह 'खतरा' था। समाजवाद को यह 'ख़तरा' अविकसित समाज में समाजवाद लाने में था। पूँजीवाद में थोड़ा पीछे लौटना था। बराड़ कहते हैं कि पूँजीवाद की प्रशंसा करने के बजाय लेनिन एनईपी को खुले में ले आए। एनईपी का उद्देश्य सर्वहारा सत्ता की स्थापना करना था।

बराड़ लेनिन को उद्धृत करते हैं : 'एनईपी के दौरान किसानों से उम्मीद की गई थी कि वे सरकार को पर्याप्त गल्ला देंगे। कारखानों को बाँट दिया जाएगा। इस तरह समाजवादी उत्पादन एवं वितरण हासिल हो जाएगा... ।' (वही, पृ. 45) लेनिन ने स्वयं कहा कि यह कार्यनीति गलत थी, पूँजीवाद से समाजवाद में जाने के लिए 'जटिल संक्रमण' और 'लंबे' रूप पर लेनिन यहाँ बल देते हैं। पट्टे पर

पूँजीपतियों को उद्यमों का देना एनईपी का सार था। लेनिन एनईपी की व्याख्या करते हैं और बराबर कहते हैं कि एनईपी में 'पूँजीवाद की पुनःस्थापना' का मतलब होगा मशीनों का इस्तेमाल करने वाले बड़े उद्योगों में समाज के लिए उपयोगी भौतिक मूल्यों के उत्पादन में लगे एक सर्वहारा वर्ग की पुनःस्थापना। (वही, पृ.47) एनईपी में लेनिन पूँजीवाद की तारीफ नहीं करते। हावी कौन रहेगा? के उत्तर में कहते हैं कि सवाल ये है कि नेतृत्व कौन सँभालेगा! लेकिन एक वर्ष में ही लेनिन को रुकने के लिए कहना पड़ा। बराड़ अब श्मेल्योव की खबर लेते हैं कि वह एनईपी में पूँजीवाद की वापसी देखता है और सोवियत मज़दूरों को चोर, शराबख़ोर कहता है। (मज़दूर का ऐसा आदर्शीकरण मार्क्सवाद में कब से हो गया?)। उनकी शराबख़ोरी, काहिली को बराड़ परीकथाएँ कहते हैं जबकि स्वयं मानते हैं कि सत्तर के आसपास ठहराव आ गया था। बराड़ आगे चलकर 'समूहीकरण' के विघटन को भी इसी तरह देखते हैं। समूहीकरण का स्तर भी सामंतवाद विरोधी ही था। समूहीकरण में शहरी पेटीबुर्जुआ का निर्माण निहित था। कृषि से कुलकों का सफाया हो गया लेकिन फिर किसान क्या बना? मज़दूर बना। जबकि पहली तीन योजनाएँ कामयाब हुईं, उत्पादकता बढ़ी तो उत्पादकता का लाभ कहाँ गया? इन्हीं लोगों के पास—और यह इस लाभ का क्या करते जो मूलतः निम्न पूँजी का सामूहिकीकरण भर था? सो जैसी चीज के सामूहिक होने और सामंतवाद से निकलकर आए किसान की खेती की ओनरशिप की कामना—यह स्वभावतः सामूहिकीकरण में एक अलगाव था, गोर्बाचेव इसे कहते हैं और गाली खाते हैं लेकिन अगर समूहीकरण ऐसा ही अमर फल था तो लोग निजी स्वामित्व की ओर क्यों चले गए? सामंतवाद से संघर्ष में पूँजीवादी उपभोक्तावादी इच्छाएँ इसी तरह काम करती हैं। समूहीकरण ने अपने कर्म से निजता का संबंध खत्म तो किया ही होगा। क्या यही 'दमन' बाद में उभरकर नहीं आया 'स्वामित्व' की शून्यता, 'स्वामित्व' के मिथ की ओर आ सकती थी, आई, पूरी पार्टी में ही आई। और कितनी आई? पिछले दिनों पुतिन की पुलिस ने जब एक बहुत बड़े धन्ना सेठ को एअर पोर्ट पर जा पकड़ा तो ज्ञात हुआ कि येल्तेसिन के समय में जनक्षेत्र के उद्योगों की नीलामी हुई जिन्हें कुछ ही लोगों ने खरीदा औने-पौने दाम पर। यह पकड़ा गया धन्ना सेठ उनमें से ही एक था और ऐसे तमाम धन्ना सेठ कम्युनिस्ट भी रहे हैं। सत्तर साल तक कई कम्युनिस्ट पीढ़ियों के बाद 'पूँजी' के स्वामित्व के प्रति ऐसा 'लालच' तभी हो सकता था जब यह माना जाए कि रूस में एक दो नहीं कई पीढ़ियाँ रहीं जो 'समाजवाद' में दीक्षित होने की जगह सीधे पूँजीवाद में आ गई थीं।

यदि हम इस विमर्श को देखें तो कारण नज़र आता है कि आखिर क्यों समाजवाद के विघटन के कारणों को संशोधनवादियों के सिर फोड़ कर अलग हो लिया जाता है। एनईपी लागू की गई और लेनिन ने माना कि यह पूँजीवाद (आज वह भी सीधे मार्केट कैपीटलिज्म या कहें लेट कैपीटलिज्म) की ओर वापसी है, फिर लेनिन की मृत्यु के बाद एनईपी की जगह समूहीकरण आया—फिर भी निजी पूँजी की इच्छाएँ कैसे बलवान रह गईं? जरूर यह ख्रुश्चेव की कारस्तानी रही। बराड़ कहते हैं कि ख्रुश्चेव के जमाने से ही संशोधनवाद हावी हो गया। इसके परिणाम सत्तर के दशक में ही नजर आते हैं। नौकरशाही के ख़िलाफ अभियान ऐसा ही माना गया। ख्रुश्चेव के जमाने में 'उद्यम की स्वतंत्रता' और आर्थिक पहल की बात की गई, केंद्रीकरण को ढीला करने की बात की गई, यह सब 'केंद्रवाद बराबर नियोजन बराबर केंद्रीय पार्टी' को कमजोर करता था। आर्थिक उपाय शुरू करने की बात की गई। 'कमान इकानॉमी' की जगह आर्थिक उपाय निम्न पूँजीवादी प्रक्रिया का आरंभ किया गया। 1965 तक केंद्रीय नियोजन के मुकाबले सुधार लाए गए। इस दौर में, सोवियत किताबों में मूल्य निर्धारण पर जोर बढ़ता है, यहीं 'कॉस्ट एकाउंटिंग' पर हमला किया जाने लगा। यह पूँजीवादी पदावली कही जाने लगी। (वही, पृ. 277) कास्ट एकाउंटिंग पर बढ़ता जोर बताता है कि समाजवाद में 'गणना' एवं लेखा की समस्या रही होगी। स्तालिन के जमाने में आर्थिक निर्माण के अपरिवर्तनीय नियम थे। उन्होंने 'लाभ की दर' पर ख्याल नहीं किया। एक अर्थ-व्यवस्था पर 'उत्पादन पर आए खर्च से ज़्यादा पैदा करना चाहिए' वाली बात आई (वही, पृ. 277)। इसी दौरान 'लाभों की स्वीकृति' की बात मानी गई। बराड़ के लिए संशोधनवाद से बाजार की ओर यही आसान यात्रा रही।

बराड़ की आलोचना तीखी है लेकिन वह अपने पाठ में जिसे लगातार दबाकर चलती है वह बाज़ार है। स्तालिन तक सोवियत व्यवस्था बाजार के दबाव से मुक्त है। उसके बाद वह बाज़ार की ओर झुकती है। माँग-पूर्ति के नियम की ओर झुकती है। यह 'संशोधनवादी षड्यंत्र' है। 'समाजवादी बाजार' पैदा तो होता है। (देखिए वही, पृ. 27) यों इन दिनों जब चीन में बाजार की बात आई है, कुछ मार्क्सवादी सोशलिस्ट मार्केट की बात करते हैं मानों सोशलिस्ट लगने से बाज़ार के स्वभाव में फर्क आ गया है। अदा यह होती है कि समाजवादी बाजार भी पूँजीवादी बाज़ार से बेहतर होता है। बाजार एक वास्तविकता है। 'पूँजीहीन समाज में, पूँजी का निर्माण बाजार की ओर ले जाएगा' चूँकि इस दुर्निवार नियम को मार्क्सवादी कमंद से लाँघना है इसलिए कहा जाता है कि सोशलिस्ट मार्केट बेहतर है। जब सारा बाज़ार हो

जाता है तो कहते हैं संशोधनवाद ले डूबा। कहने की जरूरत नहीं कि बाजार की ओर लुढ़कने के सब्जेक्टिव कारण से ऑब्जेक्टिव कारण सक्रिय थे जिन्होंने अपने को व्यक्त किया था और फिर स्तालिनी दमन के बाद ख़ुश्चेव के रूप में प्रकट किया था। यानी यह एक राजनीतिक दृष्टि ही है जो कहती है कि स्तालिन तक ठीक था, उसके बाद गलत होता चला गया। यह छिपाता है कि, और इसी व्यर्थ तर्क की रक्षा करता है कि पूँजीवादी मार्ग को लाँघकर सीधे समाजवाद में जाया जा सकता है। मार्क्स कार्यनीति का प्रस्ताव नहीं करते। वे एक वैज्ञानिक नियम की बात करते हैं। कम्युनिस्ट पार्टी समझती है कि वह उसे लाँघ सकती है। बिना पूँजीवाद में जाए समाजवाद लाया जा सकता है। और यह अंत में व्यर्थ होता है। तब निशाना सब्जेक्टिव संशोधनवाद पर साधा जाता है।

यहाँ से हम त्रात्स्की की याद कर सकते हैं जो 'बाज़ार समाजवाद' की बात तब करता था जब लेनिन से उसके सख़्त मतभेद पार्टी में आ चुके थे। त्रात्स्की ने स्तालिन से टकराव से पहले भी यह विचार बनाए थे। 'बाज़ार को समाप्त करके' एशियाई विनिमय व्यवस्था लागू करके नौकरशाही ने दामों के अत्यधिक बर्बर उतार-चढ़ावों की स्थितियाँ पैदा की हैं। (वही, पृ. 34) त्रात्स्की कुलकों को समाप्त करने की जगह कुलकों पर अंकुश लगाने की बात कहता है। यही एनईपी में था। त्रात्स्की मानता है कि बाज़ार संबंधों के बिना आर्थिक हिसाब-किताब की बात नहीं की जाए (वही, पृ. 349)। बराड़ स्वयं ही कहते हैं कि यही बात एनईपी के दौरान बुजकुत्स ने 1920 में कही थी। उसे देश निकाला दिया गया था। त्रात्स्की तब बाजार के साथ नहीं था। ग्यारह साल बाद वह बुजकुत्स का पक्ष लेने लगा। त्रात्स्की ने कहा : बाजार को कभी समाप्त नहीं किया जा सकता। (वही, पृ. 349)

तो, बाज़ार का मामला सिर्फ सत्तर के दशक का नहीं है। यह क्रांति के स्वरूप के लगभग समानांतर रहा है, लेनिन के नेतृत्व में उसे दबा दिया गया यद्यपि उसके दबाव में आ गए। एनईपी इसका प्रमाण था। तब क्या साठ-सत्तर साल बड़ी एनईपी अपने सबसे उग्र रूप में सामने नहीं आई? यह पूँजीवादी चरण की शिनाख़्त ही है जिसके बिना समाजवाद में नहीं जाया जा सकता। इतिहास मानों खींचकर पीछे ले आया है। लग रहा है : पुनर्मूषको भव।

'निजी पूँजी के स्वामित्व' की भूमिका सामंतवादी संबंधों के विरुद्ध जिस सांस्कृतिक पूरक से कार्य करती है वह है स्वतंत्रता की अवधारणा। और पूँजीवाद बरक्स समाजवाद के सुदीर्घ विमर्शों में इस पर विचार करने की आवश्यकता है क्योंकि स्वतंत्रता की अवधारणा पूँजीवाद का वह सकल विमर्श है जिससे समाजवाद

की मौजूदा सीमाएँ बराबर दिखाई हैं : इसके लिए हमें क्रिस्टोफर कौडवैल से बेहतर सांस्कृतिक उदाहरण नहीं मिल सकता जो स्तालिनी समझ का होते हुए भी जनतंत्र के लिए आजादी के लिए लड़ाई लड़ते हुए जान दे देता है। निजी पूँजी के स्वामित्व मुनाफा, आदि की अवधारणाएँ जिस विराट सांस्कृतिक विमर्श को पैदा करती हैं और बुर्जुआ क्रांतिकारिता का उद्घोष करती हैं वह है स्वतंत्रता की अवधारणा जो कि एक समग्र एवं व्यापक पदावली है। कौडवेल ने चौथे दशक में अपनी ख्यात पुस्तक 'स्टडीज इन ए डाइंग कल्चर' में 'लिबर्टी' नामक एक निबंध लिखा है। यह लेख बताता है कि उस दौर में किस तरह से मार्क्सवाद को समाजवादी स्तालिनी ढाँचे में लागू किया जाता था और तब कितनी जल्दी थी! पूँजीवादी संस्कृति को पतित, पतनशील ही नहीं, 'मृत्योन्मुखी', 'मरणासन्न' मान लिया गया था और किस तरह यही सांस्कृतिक ऊर्जा बनकर समाजवाद को चर गई। कौडवेल की 'स्टडीज इन ए डाइंग कल्चर' जौन स्ट्रॅची के अनुसार 'लिबर्टी' के बारे में है। कम्युनिस्ट क्यों 'लिबर्टी' के लिए लड़ते हैं, जान देते हैं उसके बारे में यह किताब बताती है। (स्टडीज इन ए डाइंग कल्चर, पृ. VIII) 'लिबर्टी' की कौडवेलिआई अवधारणा मानव की सभी तरह से मुक्ति की अवधारणा है। (वही) कौडवेल मानते हैं कि सभी आधुनिक संस्कृतियों में 'बीमारी' घर कर गई है : 'हम डॉक्टर नहीं हैं। हम स्वयं बीमार हैं' (वही, पृ. X)। कौडवेल कहते हैं कि इसका कारण, जो लोग आज हमारे मानसिक वातावरण को बताते हैं, हमारे युग (इपॉक) को बताते हैं, वे मानव मुक्ति की अवधारणा को गलत समझते हैं (वही, पृ. X) उत्तर सामंतीय सामाजिक संबंध 'अचेतन' (UNCONSCIOUSLY) ढंग से स्थापित किए गए थे। ये नए संबंध पूँजीवाद के हैं, 'बाज़ार' के हैं। यहाँ हर आदमी आजाद है। कोई किसी दूसरे पर कानूनी, अनिवार्य ताकत नहीं रखता ग्रह 'फ्री एटमों का समाज है।' (वही, पृ. XIII)। यह बुर्जुआ कल्चर गंभीर रूप से बीमार है। (वही, पृ. XVII) रेनेसां में बुर्जुआ ने किसी शाश्वत सत्य को खोजा। वही इस संस्कृति का आधार है। बुर्जुआ आजादी मनुष्य के सामाजिक संबंधों से आजादी का नाम बताया गया। वह संबंध तोड़ नहीं सकता लेकिन उनसे आँख मूँद सकता है। इस तरह उसके संबंध वस्तुओं से संबंध की तरह हो जाते हैं। वह पण्यों का मालिक होता है। वह उनका मालिक होकर समझता है कि वह आजाद है। यह भ्रम है (वही, पृ. XXI)। वह हर उस बाज़ार की दया पर जीता है। पूँजी की गति पर, 'बूम' और 'बस्ट' पर। (वही, पृ. XX) उत्पादक शक्तियाँ बुर्जुआ से आगे निकल गई हैं। (वही, पृ. XXII) इसी झूठ को बताना 'स्टडीज' का हेतु है। समकालीन संस्कृति के केंद्र में झूठ है जो

इसे नष्ट करता है। इसके भीतर एक सत्य छिपा है। वही इसे ठीक कर सकता है। (वही, पृ. XXIII) 'स्टडीज' के क्रम में दूसरी किश्त 'फर्दर स्टडीज इन डाइंग कल्चर' की भूमिका में ही कौडवेल मार्क्स को उद्धृत करते हैं। ये हिस्से 'इंट्रोडक्शन टु द क्रिटीक ऑफ़ पालिटीकल इकानॉमी' से हैं, यहाँ उत्पादक संबंधों और उत्पादक शक्तियों के बीच के संबंधों की चर्चा है। 'चेतना अस्तित्व तय नहीं करती, सामाजिक अस्तित्व चेतना को तय करता है'... एक चरण में उत्पादक शक्तियाँ उत्पादक संबंधों के साथ टकराव में आती हैं। ये संपत्ति के संबंध होते हैं ये संबंध उत्पादक शक्तियों पर 'बेड़ी' का काम करते हैं। यही सामाजिक क्रांति का समय होता है। (वही, पृ. 13) यहीं कौडवेल उस उद्धरण को देते हैं जिसे आज उलटकर समाजवाद पर भी एप्लाई किया जा सकता है। कोई भी सामाजिक व्यवस्था तब तक खत्म नहीं होती जब तक वे सारी उत्पादक शक्तियाँ विकसित नहीं होतीं। नए उत्पादक संबंध तब तक नहीं आते जब तक उनके जन्म की स्थितियाँ पुराने सामाजिक तंत्र में पक नहीं जातीं।(वही, पृ. 14) मार्क्स के इस उद्धरण की वैज्ञानिकता को देखें तो सामंतीय रूस में तो समाजवाद में पूँजीवादी शक्तियाँ पनपीं और वह सामने आ गईं। तब क्या जो समाजवाद बना वैज्ञानिक समाजवाद न होकर मूलतः अविकसित ग़ैर-पूँजीवादी समाज में बनाया गया समाजवाद था जिसने अपने उत्पादक संबंधों में पूँजीवादी उत्पादक शक्तियों का ही निर्माण किया? क्या कमबख्त डेनियल बैल यही नहीं कहता है? हम फिर कौडवेल पर लौटें। 'लिबर्टी' कौडवेल के लिए बुर्जुआ वर्ग का सबसे महत्त्वपूर्ण 'माल' है। न्याय सौदे या सत्य की तरह ये तमाम चीजें हमारी जुबान पर आसानी से आ जाती हैं। लेकिन जब 'फ्रीडम' की बात की जाती है तो कुछ अजीब बातें होती हैं। 'फ्रीडम' की चर्चा करने वाले कलाकार, दार्शनिक कभी यह सही-सही नहीं बता पाते कि फ्रीडम क्या है? बुर्जुआ सोच भी आजादी को सलीब पर लटका देता है। (वही, पृ. 228)। लिबर्टी पर कौडवेल के ये विचार आगे भी काफी पॉपुलर रहे। प्रगतिशील विमर्शों में पूँजीवाद को इसी तरह देखा गया। पूँजीवाद ने इसे कभी 'अमान्य' नहीं कहा।

दरअसल 'फ्रीडम', 'लिबर्टी', निजी स्वामित्व का वह साथ था जिसके लिए पूँजीवाद ने अनंत ऐतिहासिक निवेश किया और अगर यह तत्त्व समाजवाद में भी घर कर गया तो कहना होगा कि पूँजीवाद की वैचारिक शक्ति थकी नहीं थी भले ही उसे 'पतनशील' कहा गया, मरणोन्मुखी कहा गया। कम्युनिस्ट बुर्जुआ से लड़ने की जगह लिबर्टी की क़ामना से लड़ गए। 'लिबर्टी' सामंतवाद विरोध का क्रांतिकारी सार थी। सामंतवादी संबंध मनुष्य की स्मृति में, संस्कृति में गहरे-गहरे रहे। जिस

तरह पूँजीवाद को 'पतनशील' मान लिया गया उसी तरह 'लिबर्टी' को भी मान लिया गया जबकि दुनिया भर में आजादी का एजेंडा जारी था। कौडवेल की 'डाइंग कल्चर' की भूमिका में सोल पूरिन ने लिखा है कि लिबर्टी के प्रतिलोम के रूप में कम्युनिस्टों को स्टालिनवादी मॉडल मिला (पृ. 22)। पूँजीवादी निर्माण का दौर पूँजीवादी उत्पादक संबंधों का था जिसे कम्युनिस्ट पूरा करते थे और यह भूलते जाते थे कि वे वृहत्तर पैमाने पर सामंतवाद विरोधी पूँजीवादी संबंधों का निर्माण कर रहे हैं, शक्तियों का निर्माण कर रहे हैं। पूँजी का संचय होने के बाद, सामंतवाद विरोधी क्रांति के लगातार चलने के बाद पूँजीवादी व्यक्तिवाद, फ्रीडम तो एक दबी हुई किंतु आकर्षक वस्तु होती है। तो जैसे ये ढक्कन हटा, सब बिखर गया। समाजवाद पूँजीवाद में आ गिरा। एक बार फिर कहें कि यह पूँजीवादी इपॉक, को छलाँग से पार करने, ग़ैर-पूँजीवादी संबंधों के निर्माण से सीधे समाजवाद में जाने के इरादे की भव्यता और करुण असफलता ही है। आप उत्पादक शक्तियों और उत्पादन संबंधों में द्वंद्वात्मक रिश्ते को अस्वीकार करके नहीं चल सकते। मार्क्स ने 'इच्छाशक्ति' की बात की है लेकिन शून्य में नहीं की है। उत्पादक शक्तियों और संबंधों की सीमा ही इच्छाशक्ति की सफलता को तय करती है। लेनिन की महान दुर्दम इच्छाशक्ति में एक 'छलाँग' की कल्पना तो थी लेकिन फिर वह लुप्त हो गई। क्योंकि समाजवादी चरण और युग पूँजीवाद के ज्यादा टिकाऊ चरण से हारे हैं। समाजवाद में पूँजीवाद के पौधे रोपने का सबसे चकित कर देने वाला प्रयोग इन दिनों चीन में साक्षात चल रहा है। जो बची-खुची कम्युनिस्ट पार्टियाँ चीन के समाजवाद की हिफ़ाजत करने में यकीन करती हैं, वे उसके भीषण प्रयोगों पर मौन रखती हैं या उसी पुराने ढंग से उसके रचनात्मक पक्ष को रेखांकित करती रहती हैं जिस तरह से कभी सोवियत संघ की उपलब्धि को रेखांकित किया जाता था। इस प्रयोग के या कहें कि इस भवितव्य के निष्कर्षों और मार्क्सवादी विमर्श में इसके होने की ऐतिहासिकता एवं परिणतियों पर वे प्रायः ध्यान नहीं देते।

चीन के 'रिफार्म्स' सोवियत पतन के बाद के रिफार्म्स नहीं हैं। वे 1970 से चल रहे हैं। यानी तब से जब से सोवियत संघ में 'ठहराव' की पहचान की जाने लगी थी। सोवियत ठहराव की पहचान कर रहा था और चीन की पार्टी आर्थिक सुधारों में लगी थी। ये आर्थिक सुधार बाद में 'चार आधुनिकीकरण' के नाम से विख्यात हुए। स्वरूपतः ये सारे सुधार पूँजीवादी रास्ते के सुधार ही थे। समाजवादी रास्ते के प्रयोगों में 1959 में 'ग्रेट लीप फारवर्ड' लाई गई (देखिए अंडरस्टैंडिंग कंटेंपरेरी चाइना, सं. रोबर्ट ई. गेमर)। यह कृषि उत्पादन में सुधार का रास्ता था। लेकिन

अब यह बात चीन की पार्टी भी मानती है कि इस रास्ते सुधारों ने ग्रामीण इलाकों में वस्तुओं की कमी पैदा की। (वही, पृ. 125) इस विषय पर विशद् अध्ययन हुए हैं। यह स्तालिनी ढंग का समूहीकरण था जो माओ ने किया था जिसके भयानक परिणाम हुए। (वही, पृ. 125) बाद में इसके दोषों को ठीक करने के लिए 'सांस्कृतिक क्रांति' का नारा दिया गया। पार्टी में विरोध का शमन किया गया (वही, पृ. 125), जो विरोध करते थे वे संशोधनवादी थे। 'ग्रेट लीप' मूलतः उत्पादन से जुड़ा था तो सांस्कृतिक क्रांति राजनीतिक कार्रवाई थी। चीन संबंधी अध्ययन बताते हैं कि ये दोनों कदम अंततः 'मार्केट इकोनॉमी' का रास्ता प्रशस्त करते थे। इनकी नाकामयाबियाँ ही रास्ता थीं।

और तथ्य ये है कि 'सोवियत संशोधनवाद' जो 1970 के आसपास अपने 'ठहराव' के दाँत दिखाने लगा था, चीन में यही संशोधनवाद 1970 के बाद से 'मार्केट इकोनॉमी' की ओर झुकने लगा था। (वही, पृ. 126)। चीन ने इस क्षेत्र में सोवियत संघ के समाजवादी सुधारों की दुष्परिणतियों को देख लिया था। पूर्वी यूरोपीय देशों में सोवियत में जो सुधार रहे वे चीन ने देखे समझे। चीन में 'मार्केट इकोनॉमी' की ओर झुकना आसान था क्योंकि चीन में परंपरागत निजी स्वामित्व और उद्यम शक्ति बढ़ी...लेकिन एक कदम पीछे लेने के लिए तैयार। (वही, पृ. 127)। डैंग ने कहा जब तक बिल्ली चूहा पकड़ती है तब तक उसके रंग से मतलब नहीं (वही, पृ. 126) 'चाइनीज इकोनॉमी' नामक लेख में जॉन कैंग कहते हैं : सांस्कृतिक क्रांति ने एक सबक दिया और कुछ पुराने लोग बच गए। डैंग शियाओपिंग उनमें से एक थे जिन्होंने ठीक समझा कि विकास के लिए 'स्थिरता' ज़रूरी है। लगातार संघर्ष से ऐसा नहीं होने का। 'चार आधुनिकीकरण' इसी का परिणाम हुए। बिना किसी बड़े उपद्रव के (जैसाकि सोवियत विघटन के रूप में नजर आता है) चीन मार्केट इकोनॉमी में दाखिल हो सकता है जिसने 'सुधारों' (ग्लासनोस्त) को आर्थिक सुधारों (पेरेस्त्रोइका) से पहले कर डाला। नतीजा सामने है। चीन ने आर्थिक सुधार पर जोर दिया। राजनीतिक सुधार को पीछे रखा। वह बिना किसी बड़े नुकसान के मार्केट में आ सका। (वही, पृ. 129) इस वक्त चीन सर्वाधिक विकास दर वाला देश है। वह 'वैलऑफ समाज' बनाने को प्रतिश्रुत है। (जियांग जेमिन, उद्धृत, पृ. 130)। अब चीन में अनिवार्य केंद्रीकृत योजनाबद्धता नहीं है (वही, पृ. 130)। चीन के पारखी बार-बार प्रश्न करते हैं : क्या चीन का राजनीतिक ढाँचा आर्थिक सुधारों के झटके झेल पाएगा? क्या विकेंद्रीकरण के इस दौर में केंद्र रह पाएगा?

चीन के भीतर इन विषयों पर तीखी बहसें हैं : पूँजीवादी छोंक या कि पूँजीवाद? वे पूँजीवाद को दमित करने का विरोध करते हैं लेकिन कैपीटलिज़्म नहीं चाहते (चाइनीज पॉलिटिक्स, राबर्ट ई. गेमर का लेख, वही, पृ. 79)। विश्व व्यवस्था से और ज़्यादा जुड़ने की प्रक्रिया ने चीन को आधुनिकीकरण की ओर प्रेरित किया है। यहाँ नीति यही रही है कि राजनीतिक व्यवस्था को बदले बिना आर्थिक ढाँचा बदल दिया जाए। इससे नई समस्याएँ पैदा होंगी। डैंग के 'चार आधुनिकीकरण' यही थे। सुधारों के अभाव और प्रभाव का नतीजा तेनआनमान (1989) प्रदर्शन था। यह नई राजनीतिक चुनौती थी (वही, पृ. 85)। एक ओर केंद्रवाद दूसरी ओर विकेंद्रण। एक ओर निजी स्वामित्व दूसरी ओर अनुशासन। चीन की पार्टी में छह करोड़ साठ लाख सदस्य हैं (वही, पृ. 88) फिर एक-डेढ़ करोड़ की पीएलए है। इससे मामला सध जाता है। लेकिन कब तक? पूँजीवादी जीवन-शैली अपना 'स्पेस' तो माँगेगी ही। व्यापारी वर्ग को कम्युनिस्ट पार्टी में सदस्यता का आह्वान जियांग की इसी नीति का विस्तार रहा। पार्टी की केंद्रीय समिति में 350 में से 1 सदस्य पूँजीपति है। आश्चर्य नहीं होना चाहिए कि केंद्रीय समिति के सदस्य पुराने प्रकार के पूँजीवाद से ज़्यादा अनुकूलता से पेश आते हैं। (वही, पृ. 95) नए ट्रेंड युवा अब इस निजी क्षेत्र के नायक हैं। वे निजी उद्यमशीलता के लाभ देख रहे हैं। (वही, पृ. 95)। उन्हें नए-से-नए उपयोगी सामान तो मिलते हैं लेकिन अभी उनके पास लगाने के लिए पूरा पैसा नहीं है। इस स्पर्धा में छोटे उद्योग बर्बाद हो रहे हैं और छँटनी, बेरोजगारी बढ़ रही है। मोबाइल, टीवी, इंटरनेट, एक नई युवा उद्यमी पीढ़ी बना रही है। राज्य अपनी पुलिस को बढ़ा रहा है। 2002 में कोई 1 लाख मानवाधिकार के मामले सामने आए। 33 लोगों को हंटर अपराधों के लिए पकड़ा गया। (98) परिवार का ढाँचा, शादी की प्रक्रिया और यौनता बदल रही है, (वही, फैमिली, किनशिप, मैरिज और सेक्सुएलिटी/जांग जियोवी, पृ. 281)। राबर्ट ई. गेमर 'ट्रेंड्स एंड प्रोस्पेक्टस' में कहते हैं : क्या चीन एकीकृत रह पाएगा? क्या उसकी अर्थव्यवस्था में बूम जारी रहेगा? हांगकांग, ताइवान, तिब्बत का क्या होगा? क्या चीन अधिक जनतांत्रिक होगा? गेमर का मानना है कि यह सच है कि चीन पश्चिमी तरह की डेमोक्रेसी नहीं अपना सकता लेकिन यह भी सच है वह दुनिया से 'विदड्रा' भी नहीं कर सकता। अब वह दुनिया की अर्थव्यवस्था से जुड़ गया है। वे इतने अधिक उसमें शामिल हैं कि वापस नहीं लौट सकते।

उक्त विवरण बताते हैं कि चीन ने पूँजीवादी मार्केट से जो मित्रता अपनाई

है वह 'चरण' और 'रास्ते' के संकट का समाधान है। ये 'चरण' और 'रास्ते' माओ के जमाने तक समाजवादी थे लेकिन तभी यह समझ में आने लगा कि 'मार्केट इकोनॉमी' ही पूँजी-निर्माण का बेहतर जरिया है।

अब 'समानता' से 'असमानता' की ओर जाना हो रहा है तो स्वयं कम्युनिस्ट एजेंट के तहत ही हो रहा है। 'द रिट्रीट फ्रॉम इक्वैलिटी' 'नामक लेख में कार्लरिस्किन, जाओ रेन्वी, ली शी ने लिखा है कि दुनिया के किसी भी देश में इतना तेज विकास और असमानता का फैलाव कहीं नहीं देखा गया (वही, पृ.3)। नाइट एंड सांग के अध्ययन बताते हैं कि सुधारों ने असमानता को बढ़ाया है (वही, पृ. 8)। सुधार-पूर्व दिनों में किसी भी चीनी नागरिक के पास 'सम्पत्ति की आय' नहीं थी, सिर्फ बैंक सेविंग्स में कुछ इनकम होती थी। अब मामला उल्टा है। (वही, पृ. 31) दो प्रकार की अर्थव्यवस्थाएँ काम करती हैं (वही, पृ. 37)।

पिछले कुछ वर्षों में ही चीन में उपभोग्य द्रव्यों का प्रतिशत तेजी से बढ़ा है। MNC आई हैं। निवेश आया है। आमदनी बढ़ी है। सबसे ज़्यादा तेजी कम्प्यूटर, टीवी, सैल फोनों एवं मोटरसाइकिल के क्षेत्र में है। एसी बहुत बढ़े हैं। कलर टीवी का उपयोगी बाजार 24% से ज़्यादा बढ़ा है तो सैल फोन का 12.9%, कम्प्यूटर 11.9% तो डीवीडी प्लेयर 38.3%। ये आंकड़े 2000 के हैं। (देखिए जॉनवांग द्वारा लिखित 'चाइनीज इकोनॉमी', वही, पृ. 119)

जिन्हें ग्राम्य उत्पाद तुष्ट कर दिया करते थे, उनके यहाँ हम नई ज़रूरतें बनते देखते हैं जिनकी अपूर्ति के लिए दूरदराज़ से उत्पाद आते हैं। पुरानी स्थायी एकांतिक आत्मनिर्भरता की जगह हम हर दिशा में अंतःक्रिया देखते हैं, राष्ट्रों की सार्वभौमिक अंतर्निर्भरता देखते हैं। यह भौतिक उत्पाद के जगत में होता है। बौद्धिक उत्पाद के जगत में भी। देशों के तमाम बौद्धिक उत्पाद सांझा संपत्ति बन जाते हैं। राष्ट्रीय एकतरफापन और संकीर्ण विचार अधिकाधिक असंभव होते जाते हैं, और अनंत राष्ट्र स्थानीय साहित्यों से एक विश्व साहित्य जन्म लेता है। (वही, पृ. 59)

उत्पादन के औजारों के तेज सुधार के द्वारा, संचार के माध्यमों के अत्यधिक सुधार के द्वारा, सबको, यहाँ तक कि बर्बरों तक को, राष्ट्रों तक को सभ्यता में लाता है। इसके उत्पाद के सस्ते दाम उसका सबसे बड़ा तोपखाना है, जिसके जरिए विदेशी के प्रति जिदभरी घृणा से संचालित बर्बरों तक को बुर्जुआ झुकने पर मजबूर कर देता है। बुर्जुआ वर्ग सब राष्ट्रों को बुर्जुआ उत्पादन प्रक्रिया अपनाने को मजबूर कर देता है। वह उन्हें इसकी सभ्यता को स्वीकार करने यानी बुर्जुआ बनने पर

मजबूर करता है। यह अपनी छवि के अनुसार ही विश्व बनाता है...(कम्युनिस्ट मैनिफेस्टो)

आप कम्युनिस्ट मैनिफ़ेस्टो के इन अमर सामान्यीकरणों को जब आज पढ़ते हैं तो सहज सोच सकते हैं कि जिस आवेगात्मक शक्ति से बुर्जुआ वर्ग यहाँ वर्णित है, उसकी सत्ता आज और भी स्पष्ट है और इतनी स्पष्ट है कि लगता है कि मार्क्स मैनिफ़ेस्टो के वक्त ही वह सब देख पा रहे थे जो आज हो रहा है। हम इन उद्धरणों में पूँजीवाद की 'दुर्दमनीय शक्ति' को लगातार पढ़ सकते हैं। हम इसके आलोक में 'सोवियत संघ' को सहज ही ढहते हुए देख सकते हैं, चीनी समाजवाद को पूँजीवाद के संग रासलीला रचाते देख सकते हैं। कम्युनिस्ट मैनिफ़ेस्टो के अंदर वर्जित बुर्जुआ इपॉक संबंधी बातें, कहे गए सूत्र जिस तरह आज के पूँजीवाद में नजर आते हैं, वह बताने के लिए काफी है कि आप एक राष्ट्र में, एक जगह समाजवाद को महफूज़ नहीं रख सकते। मार्क्स साफ कहते हैं कि राष्ट्रों की एकांतिकता और निर्भरता को बुर्जुआ तोड़ देगा। वह एक सतत चलायमान दोलायमान शक्ति है क्योंकि अपने उत्पाद के लिए बाज़ार बनाना उसके जीवन की शर्त है। यही प्रमुख 'उत्पादन प्रक्रिया' है।

एक बार फिर कह दें कि कम्युनिस्ट मैनिफ़ेस्टो के इन अंशों को समाजवाद रुझान में न तो तब में गंभीरता से लिया गया जब समाजवाद था, न अब गंभीरता से लिया जाता है जब समाजवाद विश्व पूँजी की चपेट में आकर गिर गया, विश्व बाजार कि लुभावनी कामना के जगत में आकर बिखर गया।

प्रेतों के बारे में कुछ आइडियात्मक विचार

यह किसका समय है?

बहुत दिन बाद अखिलेश ने कहा कि तद्भव के लिए लिखिए!

'क्या?'

'क्या लिखें?' सोचते-सोचते दो महीने यों निकल गए।

अखबारों में, नियमित पत्र-पत्रिकाओं, कामर्शियल प्रकाशनों में बता दिया जाता है : ये विषय है, इतने शब्द चाहिए! पाँच सौ, हज़ार, दो हज़ार! वह आता है। छपता है। निकल जाता है। यह दैनिक लिखना कतई सरल नहीं। तात्कालिक विचारपरक टिप्पणियों को अलग-अलग ढंग से लिखना आसान नहीं होता। 'चौबीस गुणा सात' वाली दिन-रात की तैयारी होती है। टाइम, डैडलाइन-मैण्टेन करनी होती है और उस दबाव में लिख जाता है। दबाव काम कराता है। हिंदी वाले से दबाव ही काम करा सकता है। मगर यहाँ कोई 'विषय' नहीं था।

क्या लिखें! 'तद्भव' के लिए क्या लिखें? अखिलेश से दो तीन बार बात हुई। 'अपने समय के संकटों, समस्याओं' के बारे में कुछ लिखा जाए। बड़ा चालू विषय! नए प्रस्थापना परिवर्तन के बारे में सोचा जाए।

सोचा, सोचा, और सोचता ही रह गया। अखिलेश फोन करते रहे। हाँ हूँ, हाँ हूँ, हाँ हूँ होती रही। मगर कुछ उमंग नहीं हुई। क्यों? क्यों ऐसा होता रहा? अन्यथा तो मीडिया में यह लेखक डैडलाइन मैण्टेन करने के लिए बदनाम सा है!

तब क्यों ऐसा होता रहा? वह हिचक, वह संकोच था या कि लिखने को कुछ था ही नहीं। सब खाली-खाली। एक विचार शैथिल्य! शायद—हाँ! शायद—नहीं! एक सिनिसिज़्म! क्या? क्यों? कहाँ से शुरू करें? क्या शुरू करें? जिस लेखक का लेखन—हर टिप्पणी हर लेख—अचानक इन्वाल्व होता हो, उसे एक किकस्टार्ट के लिए इंतजार क्यों करना पड़े?

सच! ऐसा होता रहा!

बीस-पच्चीस साल से हर रोज लिखने वाले—लिखने में आनंद लेने वाले को अचानक ठिठकना पड़ा! कहाँ से? किस सिरे से? कौन सा मुखड़ा उठाऊँ? सारा कुछ तो उखड़ा-बिखरा पड़ा है। कोई भी एक सूत्र कोई भी एक विचार, कोई भी एक अनुभव मुकम्मल, साबित सालिम नहीं लगता।

सातवें दशक के गरम दिनों में एक सूत्र ही सबका केंद्र लगता था। मार्क्सवाद का फीता खटाक निकाला और एक-एक को नाप दिया। दुश्मन दोस्त तब कितने साफ-साफ दिखते थे। इतने साफ! इतने पारदर्शी कि थियरी में लगता उनका गला ही पकड़ लिया! दुश्मन साला बच ही नहीं सकता था। लेकिन क्यों लौटता हूँ इस सातवें दशक में? बार-बार! यह क्या है जो कभी मरा नहीं है जबकि उसका वस्तु-जगत गिर मर चुका। खप चुका।

क्या यही मुक्तिबोध की 'अँधेरे में' के सीजोफ्रेनिक नायक के 'हृदय में रिस रहे ज्ञान का तनाव' है? हाय! अपनी टैक्स्ट पीछा नहीं छोड़ती!

कोई एक लाइन, कहीं सुना कोई एक गाना, कोई एक इशारा, कोई एक खटका, कोई जुम्बिश, कोई शून्य, कोई हाहाकार, कोई बेचैन पल समूचे टैक्स्ट की तरह कौंधता-बेधता है। कितने आघात, कितनी चोटें, कितनी मारें, कितने उत्तेजन, कितने आवेग, कितने ख़याल इधर-उधर से नहीं चींथते! अजीब है! अजीब है! एक नया उचाट सा, लेकिन उत्कट सा अनुभव क्षण!

एक टिप्पणी यों परेशान करेगी—यह, नहीं सोचा था। यद्यपि हाँ करते ही ज्ञात हुआ कि यार तू गलत कमिट कर बैठा। क्या लिखेगा! ऐसी बातें अपने आपसे झगड़े कराती हैं : अपना ही खून कराती हैं। अपना ही पीती हैं!

और फिर 'अँधेरे में' का नायक मेरे एकदम पास आ बैठता है! यह भयानक अनुभव है। जैसे एक समूचा विशाल समाज, अनंत विभक्तियों में दरका हुआ, एकदम चिथड़ा-चिथड़ा लेकिन अनिवार्य। एक अनुभव एकदम पास! कविता से निकलकर उसकी टैक्स्ट एकदम पास आती है। कुछ सूँघती है। फुसफुसाती है! शायद अपने परिताप पर, अपने आत्म-संघर्ष में हारी हुई 'आत्मा की प्रतिमा।'

कभी उस कविता को पढ़कर मार्क्सवाद कविता में बहता महसूस होता था। मुक्तिबोध का मार्क्सवाद भारतीय स्थितियों में एप्लाइड अ-सरल और बेहद टेढ़ा-मेढ़ा मार्क्सवाद था। जबकि उनके आजू-बाजू दो दूनी चार मार्का पहाड़ों में मार्क्सवाद तब्दील हो चुका था।

अब वह सब भी खाली। बेकार, इतना सब करने के बाद मुक्तिबोध की

'अँधेरे में' का अवचेत अभिशप्त नायक बेकार हो गया है और दूसरे बेकार के पास आ बैठा है। देखता है : क्या लिखता हूँ। 'उदरम्भरि बन अनात्म बन गए!' यस यस बन गए! नो चॉयस! तुम आदमी के मनोबल मात्र से दुनिया नहीं बदल सकते! कविता में भले बदल दो। दुनिया तुम्हारी कविता को बदल डालती है।

क्या अब सब कुछ सरल-सरल कहा जा सकता है? वे आसानियाँ क्या हुईं! या वे तब भी नहीं थीं जब हम 'शिशुओं' द्वारा मानी जा रही थीं कि सारा ज्ञान हमारी मुट्ठी में है। साम्राज्यवाद जाएगा। संकटग्रस्त पूँजीवादी व्यवस्था अपने संकट के तीसरे चरण में दाखिल हो चुकी है! यह 'पतझर का जरा अटका हुआ पत्ता है' अब गिरा तब गिरा! लेकिन गिरा तो समाजवादी सोवियत संघ! गिरा तो चीन। चीन की पार्टी की पूँजीवाद से अंतरंग मित्रता! ऐसी कि विश्व पूँजीवाद भी चकित कि ये कामरेड लोग क्या कर रहे हैं? साले हमारी ही मण्डी में हमीं को आँखें दिखा रहे हैं?

इस 'रिवर्सल' में मुक्तिबोध के तमाम, नायक बेकार, बेरोज़गार ही हो सकते हैं।

आप फिर निहत्थे हैं! इस निहत्थेपन में क्या कोई लिखे?

देखता हूँ! लोग कई पत्र-पत्रिकाओं में 'मैं और मेरा समय' पर बड़े इत्मीनान से लिखते-बोलते हैं। कोई-कोई तो नेहरू युग में निकल जाता है और वापस नहीं लौटता! वहीं दफ़न! नेहरू का मॉडल बहुत बहुत पहले निपट गया। आप नेहरु युग में गोता लगाकर क्या निकालेंगे?

अजीब है यह इतिहास दृष्टि! यदि यह इतिहास 'दृष्टि' है तो हाँ वहीं एक पंक्ति, ऋजु पंक्ति में चलने वाला महान इतिहास—जो बार-बार महान स्मरणों के लिए अभिशप्त है। कोई-कोई 'मैं' को, मेरा समय को इस तरह देखते हैं कि वे 'समय के देवता' हैं। थोड़े बहुत गर्दिश के दिन, थोड़ा छौंक आत्म-संघर्ष का और फिर अपनी दो-एक रचनाओं का जिक्र और अपने मित्रों का दयनीय प्रोमो।

कोई पूछे कि ये समय क्या वाकई तुम्हारा है। तुम कहीं इन बड़े पूँजीवादी नेटवर्कों में पगार पाते एक पत्रकार, एक अध्यापक, एक प्रोफेसर सा कुछ हो—क्या ये तुम्हारा समय है? तुम्हारे पास तो मकान भी निन्नानवे वर्षों की लीज़ पर है? तुम क्या 'ओन' करते हो? यह देश तुम्हारा है कहाँ? यह तुम्हारा एड्रेस भी पूँजी का दिया है। तुम्हारा कहाँ से हुआ अपना? डू यू ओन योर टाइम? और या कि यह सब उधारू है?

जो सत्तर साल के ऊपर निकल गए हैं, उनके पास सोचने से ज़्यादा अपने बचपन अपनी जवानी अपने हमदम दोस्तों, दी गई प्रेमिकाओं के साथ अपने 'माचो'

जीवन की मरी-गिरी यादें हैं। वे किसी पार्क में बैठे रिटायर्ड बूढ़ों की तरह, जो नया है उसको कोसते हैं, जैसे, अपने बच्चों को ही कोसते हैं जिन्हें उन्होंने खुद किसी-किसी तरह अमरीका यूरोप डॉलर कमाने भेज रखा है और खुद दो-चार महीने के लिए प्रवास कर आते हैं! बच्चे पालने!!

कितना आसान है चिंतन! दोचित्ता! तीन चित्ता चित्तकबरा चिंतन!!

इस पराये समय में यह पाखंडपूर्ण चिंतन यदि अपनी विश्वसनीयता खो बैठा है तो यह 'हानि' भी इतनी गहन और घुसी हुई है कि 'हानि' का ठीक-ठीक व्याकुल अहसास तक नहीं होता! कितनी हानि हुई? कितनी? चिंतन की विश्वसनीयता की कितनी हानि? जिन मूल्यों को आप प्रतिनिधित्व देते हैं उनकी हानि। उनका अवसान और फिर भी, वे ही बातें! वे ही बयान! वे ही कोण। देख-देख एक दहशत सी होती है! क्या हमारे बीच के बुद्धिजीवी—खास कर हिंदी के पढ़े-लिखे लोग—साहित्यकार आदि—'अपने समय पर' जितना-जितना बकवास करते हैं, उतना ही वे 'बे-समय' 'बेवक्त' और 'वक्त के बहुत दूर' एकदम 'आउट' हो रहे होते हैं!

नहीं, मामला लिखने मात्र का नहीं, लिखने की 'दशाओं' (कंडीशंस) के बहुत बुनियादी रूप से हिलने, बदल जाने का है। इस लेखक की चिंता इतनी भर नहीं है कि यह मान ले कि हाँ जी! बहुत कुछ बदल गया है!! इस बदलने में लिखना, पढ़ना, सोचना, समझना, काम करने का ढंग, जीने का ढंग, अनुभव की प्रक्रियाएँ, कथन की, व्यक्त करने की प्रक्रिया, आदमी के चित्त के अनंत विभाजन, समाज का ढाँचा, आर्थिक-सामाजिक संरचना, राष्ट्रीय-अंतर्राष्ट्रीय परिस्थितियाँ न केवल बेहद बदल गई हैं बल्कि वे ठहरे बिना लगातार, अकथनीय अप्रत्याशित ढंग से बदल रही हैं; इसका कोई एक नक्शा किस तरह गढ़ा जाए? एकदम 'आउट ऑफ कण्ट्रोल'। ऐसे में क्या ये बदलाव हमारे विचारों में सोचने की प्रणालियों में कोई परिवर्तन नहीं कर चुके? क्या वस्तुगत परिस्थितियों के घूर्णनों और आवर्तों से बाहर हम कहीं होते हैं? या कि उनमें पूरी तरह शामिल हैं? जाने-अनजाने वे हमें घेर लेती हैं, फाड़ डालती हैं, नेस्तनाबूद कर देती हैं, कायांतरण विचारांतरण करती हैं। यह सोचने का, अनुभव का एक बड़ा संघटक है कि जिन चीजों ने सब कुछ बदला है, उनके बदलने से जो आदमी के भीतर-बाहर बदला है क्या वह इसके प्रति आत्मसजग, आत्मसचेत रह गया है?

यह लेखक इस गलतफ़हमी में नहीं जीता कि हिंदी वालों पर इसका असर नहीं पड़ा है और सिर्फ अकेला वही इस रहस्य को जानता है। पड़ा तो सब पर है। सब असर को महसूस करते हैं। हाँ उन असरों को, प्रभावों, दबावों को बिना

किसी गहन विचारधारात्मक, अनुभवात्मक आकुलता-व्याकुलता के, बिना किसी आत्मीय तनाव के लोगों ने 'एडजस्ट' कर लिया है। अपने दिमाग के खाँचों में हर चीज को 'ठीक-ठाक' फिट कर दिया है और इतना ध्यान रखा है कि यह प्रभाव किसी विपत्ति का, किसी परेशानी का पता न दे! सब चीजों को सहज ज्ञानात्मक क्षेत्रों की बनी-बनाई सरणियों में ढाल लिया है। एक नाली की तरह रास्ता निकाल दिया है। नाली में लगातार कीचड़ बढ़ता जाता है। बदबू बढ़ती जाती है, वह बलबलाकर उफनकर भी चलती है मगर नाली वही रहती है! हमारे मन! हमारी आत्मा का परनाला! हर चीज को 'टाइमली', 'पॉलिटिकली', 'सोशली', 'कल्चरली करैक्ट' कर लिया है। यह एक अंतर्निहित प्रगतिशील भाग्यवाद है जो बड़े काम आया है!

पब्लिक इंटेलैक्चुअल

'तहलका' साप्ताहिक (5.11.05) ने भारत में 'पब्लिक इंटेलैक्चुअल' की अवस्था पर एक महत्त्वपूर्ण आयोजन किया, जिसमें अमित सेन गुप्ता ने लिखा :

"आज के सबसे बुद्धिमान लोग–आदमी–औरतें–प्रायः अपने अघाए हुए मिथ्या महत्त्व प्राप्ति और बने-बनाए तोष के मारे 'जन सुख' और 'निज सुख' में छके हुए होकर निराशा की कैदों को तोड़ने से घृणा करते हैं–वे बोर हो जाते हैं, अर्थहीन हो जाते हैं। वे अपने ही क्षय में फँस जाते हैं! अपनी बुद्धिमत्ता यानी मीडियोक्रिसी में फँस जाते हैं। उनके विचार नए रास्ते नहीं तलाशते। नई ज़मीन नहीं तोड़ते... इसीलिए वे (बुद्धिजीवी) इतने कम हैं जो अपनी गर्दन गड़ांसे के नीचे रखने को तैयार होते हैं, जो अपने ठहरे हुए प्रस्थापना बिंदुओं को हिलाने-डुलाने, गलाने का साहस रखते हैं, जो नए विचारों के प्रभंजनों में अपने नए प्रयोग कर सकते हैं, जो नई स्थितियों में व्यवस्था को चुनौती दे सकते हैं, एकायामी विमर्श को चुनौती दे सकते हैं..."

हिंदी में इतनी बुरी हालत भी नहीं है! तीन-चार प्रगतिशील जनवादी संगठन हैं, दो बड़ी कम्युनिस्ट पार्टियाँ हैं, बहुत से नक्सल संगठन हैं जो हथियार तक उठाने की बात करते हैं। कृषि क्रांति की बात करते हैं! आजाद मीडिया में बैठे प्रगतिशील उदारमना बेहद जागरूक लोग हैं। ढेर सारे एनजीओ हैं। परंपरागत ट्रेड यूनियनें, संगठन हैं। हिंदी में 300-400 छोटी पत्रिकाएँ हैं। चार-पाँच दर्जन कवि-कथाकार हैं जो हर पत्रिका में पेज बदल-बदलकर छपते रहते हैं। गोष्ठियाँ हैं। सेमिनार हैं। शहर-दर-शहर नए लोगों का पढ़ा-लिखा तबका बौद्धिक वर्ग में शामिल हो रहा है। किसी-न-किसी रूप में अपने को सार्थक बनाता सा लगता

है... कविता में बेचैनी बहुत कुछ रुटीन बन चली है मगर एक शून्य तो बार-बार बनता दिखता है। यद्यपि इस शून्य को उसके आकार से ज़्यादा सम्मान मिलते रहते हैं। गुजरात मसले पर, बाबरी मसले पर हिन्दी, बुद्धिजीवी वर्ग में एक प्रकार की सेक्यूलर सुगबुगाहट लगातार देखी गई है (यद्यपि यह उतनी स्वतःस्फूर्त नहीं रही जितनी कि होनी चाहिए थी और उतनी साहसी भी नहीं रही), लेकिन ये ज़्यादातर वामपंथी सक्रियता के केंद्रों से संचालित रहे हैं, ये एक कविता करके, कहानी करके दो-चार बयान देकर, दस्तख़त करके अपना पक्ष भर बताते रहे हैं। यह वही विरोध की 'मीडियोक्रिटी' है, बीच का रास्ता है, भलमनसाहत है, करेक्टनैस है।

यदि अपने समय के बुद्धिजीवी, पढ़े-लिखे से और उनसे भी जो प्रोफेसनली पढ़े-लिखे नहीं हैं लेकिन जो सजग, सचेत हैं, उत्पादक हैं, श्रमिक हैं, जो कि ग्राम्शी के अनुसार उतने ही बड़े बुद्धिजीवी हैं जितने कि कोई बेहद पढ़े-लिखे महानुभाव हैं लेकिन जो अपने उत्पादक श्रम से किसी भी बुद्धिजीवी से कम नहीं हैं—उनके 'रोल' पर बात करें तो एक दो क्षण में शर्म हल्की हो जाती है! शर्मिंदा होने का नाटक अब एक बौद्धिक चतुराई बन चला है!

यह लेखक क्यों बार-बार लिखने की परेशानी को, लिखने की दिक्कत को, आजादी के आंदोलन, उसमें से निकलने वाले एक-एक बड़े आंदोलन, प्रगतिशील आंदोलन से जुड़े तमाम बड़े नामों की चट्टान पर क्यों इस चलित समय में पछीट-पछीट कर धो रहा है? क्या इसमें वह खुद शामिल नहीं है?

जी हाँ! वह तो गले-गले तक शामिल है। मगर यही तो वर्तमान के इतिहास की संरचना-पुनर्रचना करने की परेशानी है कि आप अपने 'इतिहास' को लिखते वक्त इतिहास के बने-बनाए औजारों की भी कैद में होते हैं। अब इसी प्रसंग को लें। मानकर चला गया कि जो हो चुका, जो बुद्धिजीवी हो चुके थे वे 'महान' थे, सचमुच के बुद्धिजीवी थे जो 'ना' कह सकते थे, कुर्बानी दे सकते थे। इस मानक पर हमें हर बार अपने वक्त के लोग कमतर लगने लगते हैं! यह वर्तमान इतिहास में अतीत के इतिहास की माँग है! किसी 'अनादर्श' में 'आदर्श' की माँग है।

हाँ! इस लेख के लिखने की समस्या यहीं कहीं रही है कि आप यदि समकालीन परिदृश्य को लिख रहे हैं, उसका नक्शा बनाना चाहते हैं तो कहाँ से शुरू करें! और न चाहते हुए भी, एक महावृत्तांत—आजादी का, प्रगतिशील मुक्ति का महावृत्तांत—एक मानक की तरह आ तो धमका! और अब करना क्या है? आप प्रेमचंद की तरह के, निराला की तरह के बुद्धिजीवी की डिमांड करें! मानकर चलें (इस पद्धति की यही खास बात है कि यह सरल है, अपने से वही अपेक्षा करनी

है जो अतीतोन्मुखी होती है, मगर दिखती प्रगतिशील सी है।) कि प्रेमचंद, निराला में कहीं कोई 'छेद' नहीं। वे मुकम्मिल प्रतिनिधित्व करने वाले बुद्धिजीवी रहे! शाश्वत! अखंड!! आप उन पर शक करते ही धरे जाएँगे! कारण इतिहास ने बताया है कि उनके तरीकों के अलावा कोई दूसरा तरीका नहीं हो सकता जो बुद्धिजीवी की सामाजिक हस्तक्षेपकारी भूमिका को 'डिफाइन' करता हो! और अब तो बुद्धिजीवी का नक्शा ही बदल गया है। ग्राम्शी ने रूढ़िवादी मार्क्सवाद में बुद्धिजीवी की बताई भूमिका को जबसे पलटा तब से और भी, और भी, वह बदल गया है, उसके अस्तित्व के तौर-तरीके बदल गए हैं : इसीलिए कविता में बहुत विरोध है, कहानी में बहुत विरोध है मगर इस विचार का असर 'जीरो' है। विरोध अब एक चलन है! यह क्या है?

व्यवस्था द्वारा विरोध को, विरोध की आवाज को पचा जाना? उदरस्थ कर लेना? आत्मसात कर लेना! जगह देकर अपनी उदारता का ढिंढोरा पीटना और विरोध के नुकीले शब्दों को नरम कर देना! शायद इतना भर नहीं! यह विरोध का अविरोधी हो जाना कुछ नया है! सिर्फ संसदीयता नहीं है, कहीं कोई टैक्स्चुअल समस्या है, कोई संरचनामूलक, संरचना को खोलने, समझने के औजारों की कमी की समस्या है या कि इस विश्व बाज़ार में मासूम बने रहने का कला कौशल है?

मुक्तिबोध के 'विपात्र', मुक्तिबोध के 'अँधेरे में'; के नायक के प्रतिनिधान में, उनके 'ब्रह्मराक्षस' की बावड़ी में अपने ही मैल और अपनी ही मुक्ति के बीच फँसकर मर जाने वाले सूत्र अब बहुत सरल से नज़र आते हैं जबकि यही जब सातवें दशक में उनकी रचनाओं में खुले थे तो मार्क्सवाद की जड़ सूत्रवादिता टूटी थी : वहाँ दो कठिन पाटों के बीच फँसे मनुष्य के प्रति हमदर्दी है : 'पिस गया वह भीतरी और बाहरी दो कठिन पाटों के बीच! ऐसी ट्रेजडी है नीच!' मुक्तिबोध बहुत दूर तक निर्मम स्थितियों में ममता से ही देखते हैं ब्रह्मराक्षस को! ज्ञान गुरु को जो अपने ज्ञान का व्यवहार में उपयोग नहीं कर पाया! 'प्रेक्सिस' नहीं कर पाया। 2006 में यह लेखक सोचता है : यदि यह सब होता भी तो क्या होता। 'विपात्र' के पात्रों का पैसे वालों के हाथों बिक जाना, उनका दब्बू हो जाना, दुहरे जीवन को जीना, जीते चले जाना—पात्र की जगह विपात्र हो जाना बुद्धिजीवी के विपथ हो जाने का सबसे प्रकट रूप ही तो था! सिद्धांत और व्यवहार की एकता विगत सोवियत चीनी मार्क्सवाद का बहुत पुराना मानक! पक्का! मुकम्मिल! भरोसेमंद! लेकिन 'संदिग्ध'! और अब तो असंदिग्ध रूप से संदिग्ध!! क्या वाकई? सोवियत पतन और चीनी पार्टी के पूँजीवाद के साथ चीनी किस्म के मेलजोल के

बाद क्या बुद्धिजीवी वहाँ 'प्रेक्सिस' की परीक्षा देता नज़र आएगा। या 'करीयर' बनाता नज़र आना चाहिए? पूँजीवाद ने उसे बहुत जल्द ही लोक लिया, हज़म कर लिया। कम्युनिस्ट पार्टियों को लोक लिया। धीरे-धीरे नरम बना डाला! उन्होंने भी पूँजीवाद को पचाने का हाज़मा विकसित किया।

तो हे पाठक! हे मित्र! लिखने की विकट समस्याएँ हैं। आप लिख सकते हैं लेकिन ध्यान रहे हर लिखे में बहुत उत्कट-विकट समस्याएँ हैं! आप प्रस्थापनाओं के आमूलचूल परावर्तनों के बीच ठीक वही नहीं रह सकते, न वैसा अनुभव कर सकते हैं, न लिख सकते हैं! कुछ नया कुछ नया कुछ नया चाहिए। नया और शायद जो अब तक प्रगतिशीलों द्वारा प्रगतिशील न माना जाता हो मगर जो स्वयं इस नए पूँजीवाद ने दिया हो, इसके ही नए अंतर्विरोधों से जिसका उत्सर्जन हुआ हो यथा :

''महान चीजों के प्रति अनादर, उनका अस्वीकार, मजाक उड़ाते जोक, जिंदगी का दावा पेश करते हुए हँसी के उपादान; मुक्ति की तरह आती अश्लीलता (भदेस), विद्रोह की तरह बनती पैरोडी, कैरीकेचर, किसी की मृत्यु की शोक यात्रा या कार्नीवाल्स के तमाशों में जन विरोध के स्वरों का पाठ, आमजनों के निम्नवर्गीयों के उत्सव जो सामंतवादी निरंकुशता में दबे रहे। समकालीन मीडियोक्रिटी किसी की पाशविक निरंकुशता, ईश्वरों को चुनौती देते, उनकी पवित्रता को चुनौती देते महावृत्तांत विरोधी गीत (किस्से), शैतानी आयतें जिसमें अपवित्र पाठों के बीच पवित्र पाठ रहते हैं, पाठ जो कि आतताई भी हैं, जहाँ भाषा एक सत्ता की तरह...''

(वही तहलका, अमित सेन गुप्ता।)

यानी बहुत कुछ नया है। बहुत कुछ पुराना सा है जो नष्ट हो गया है, वह सब जो किसी बड़े मुक्ति के स्वप्न को, कहानी की भी हवा निकालकर, बेहद छोटे-छोटे विमर्शों में ढल गया है जो चैन नहीं देता है, हमारी हर चीज के 'तुरंत संपूर्ण विकल्प' तलाशने की आदत को तसल्ली नहीं देता।

बहुत-बहुत गोष्ठियों में, सेमिनारों में, पत्रिकाओं के लेखन में हर बार, समस्या कथन से ज़्यादा विरोध और विकल्प के घिसे हुए कथन नज़र आते हैं! लेकिन मीडियोक्रिटी की मास कल्चर में यह सब जारी है यह सत्य भी कहता है! मूर्खता में भी सत्य होता है! बिल्ली के ऐन सामने कबूतर का सा सत्य!

कितनी प्रस्थापनाएँ पल्टीं? उखड़ीं? यह मत दुहराएँ कि पूँजीवाद ने पल्टा! यह भी मत कहें कि यह सब तो षड्यंत्र है! मान ही लें कि यह ऐतिहासिक पूँजीवाद की एक नई ऐतिहासिक अवस्था है, जिसे आप खाँटी क्लासिकल मार्क्सिस्ट शब्दों

में नई ग्लोबल फाइनेंस कैपीटल का तरल संचार या 'न्यो लिबरलिस्ट' पूँजीवाद कह सकते हैं। न्यो को पूँजीवाद का नए सिरे से ताकतवर होना कह सकते हैं, आप चाहें तो न्यू लेफ्ट बुद्धिजीवी अर्नेस्ट मैंडेल और अमरीकी मार्क्सिस्ट उत्तर आधुनिक बुद्धिजीवी फ्रेडरिक जेमेसन का 'लेट कैपीटलिज़्म' कहें, मगर मानकर चलें कि यह सब जो उल्टा-पल्टी हुई है, हो रही है वह नए पूँजीवाद का फलितार्थ है और यदि आपने अपना दिमाग थका नहीं लिया है तो मानकर चलें कि यह भी पूँजीवाद का नया चरण है, उग्र भीषण चरण है। चरण है! षड्यंत्र नहीं!

यह हमें इसलिए ठीक-ठाक नहीं दिखता क्योंकि हम जो वामपंथी आंदोलन के साथ रहे, जिनकी राजनीतिक आँखें सातवें दशक के उत्तरार्द्ध में ग़ैर-कांग्रेसवाद में खुलीं और वामपंथ का एक रैडीकल विमर्श जिन्हें बेरोज़गारी के दिनों में सहारे की तरह मिला जिसमें कृषि क्रांति का एजेंडा सर्वोपरि दिखता रहा, जिसमें सोवियत क्रांति–उसका समाजवाद प्रश्नहीन, समस्याहीन थे–जो पूँजीवाद के साथ बड़े टकराव में था, जो एक बुनियादी अंतर्विरोध था लगातार कहता कि पूँजीवाद का तीसरे गहन संकट का दौर है! वह कभी भी गिर सकता है! उसकी कोई भी कमजोर कड़ी टूट सकती है। क्रांति वहीं कहीं से होगी! बस इंतजार करो! इंतजार करो! आंदोलन करो! लेकिन कमबख़्त पूँजीवाद नहीं गिरा। सारे संकट पी गया! गिरा तो समाजवाद गिरा!

इतने बड़े प्रस्थापना परिवर्तन के बाद भी क्या दुनिया को दो ध्रुवीय विभक्त अनुभवों से देखा जा सकता है? लेकिन अभी तक वामपंथी बुद्धिजीवी वहीं-के-वहीं, वैसा का वैसा ही देखते हैं! और यह इस लेखक का सबसे निजी सबसे दर्दनाक क्षण होता है कि ये किस मार्क्सवाद को पढ़े हुए, उसमें दीक्षित लोग हैं जो बदलावों के प्रति इतने लापरवाह हैं? क्यों? क्यों?

भूमंडलीकरण, नया पूँजीवाद, बाज़ार, उपभोगवाद, ये अभी तक वामपंथी विमर्श में संदिग्ध पद हैं। टकराने वाले पद नहीं। वामपंथी बुद्धिजीवी भूमंडलीकरण, पूँजीवाद के नए दोष बता सकता है जो कि बहुत दूर तक सटीक नज़र आते हैं मगर वह अपने आपसे एक सवाल नहीं पूछता : समाजवाद क्यों गिरा? क्यों गिरा? कारण तो खोजिए! कारण खोजेंगे तो शायद नया समाजवाद बन सके। एक बेहतर मानवीय न्यायमूलक समाज बन सके!

तब क्या यह कहना दुस्साहस होगा कि हम देरिदा की तरह कहें कि मार्क्स का नया पाठ बनना चाहिए! उसे नए सिरे से पढ़ा जाना चाहिए। नए मानी बनाए जाने चाहिए! अगला 'इंटरनेशनल' होना चाहिए।

मार्क्स के प्रेत...देरिदा

पिछले दिनों लंदन में एक सर्वेक्षण हुआ जो इस सदी में सबसे ज़्यादा पढ़ी जाने वाली किताब की खोज करने वाला था। इस सर्वे में सबसे ज़्यादा अंक मार्क्स एंगेल्स के 1848 में प्रकाशित 'कम्युनिस्ट मैनिफ़ेस्टो' को मिले! वह सबसे ज़्यादा बिकने वाली किताब निकली!

जब एक पत्रकार ने यूरोप के एक प्रख्यात मार्क्सवादी चिंतक से पूछा कि आप इसे कैसे समझते हैं तो वे बोले कि यह स्वाभाविक है क्योंकि कम्युनिस्ट मैनिफ़ेस्टो आज भी भूमंडलीकरण को सबसे अच्छे ढंग से एक्सप्लेन करता है। उनके कहने का आशय ऐसा ही था। इसका अर्थ यही है कि उत्तर सोवियत समाजवादी काल में भी कम्युनिस्ट मैनिफ़ेस्टो एक 'एक्टिव' किताब है, थियरी देने वाली किताब है। आश्चर्य यही है कि एरिक हॉब्स बॉम इससे पहले ये सब न बोले। कारण है समाजवादी क्रांति के बाद कम्युनिस्ट मैनिफ़ेस्टो को सिर्फ सामान्य एजेंडा का हिस्सा माना गया। उसे 'सक्रिय' या 'क्रियमाण' होता हुआ नहीं देखा गया। इसका भी कारण रहा। सोवियत समाजवाद अस्तित्व में आ चुका था। पूँजीवाद स्थायी रूप से 'पतित' (डिकेडैण्ट) तो था ही, अब लगातार संकट में भी था। ऐसे में पूँजीवादी युग के मार्क्स-एंगेल्स के उज्ज्वल वर्णन उल्टे पड़ सकते हैं न!!

प्रस्तुत संदर्भ में कम्युनिस्ट मैनिफ़ेस्टो का एक और पाठ यहाँ किया जाना चाहिए। देखा जाना चाहिए कि मार्क्स-एंगेल्स ने उसमें—खासकर 'बुर्जुआ इपॉक' (युग) के बारे में 'माडर्न इण्डस्ट्रियल' बुर्जुआ वर्ग, के बारे में किस तरह से क्या लिखा? क्योंकि जिस कम्युनिस्ट मैनिफ़ेस्टो की पहली पंक्ति ही कहती है 'यूरोप को कम्युनिज़्म का प्रेत सता रहा है...' उसमें 'बुर्जुआ और सर्वहारा' नामक अपने पहले खंड में ही मार्क्स-एंगेल्स माडर्न बुर्जुआ को जो जगह देते हैं वह उसके कम्युनिज़्म से 'डरों' को बताने वाली पृष्ठभूमि भी है और तर्क व्यवस्था भी।

नहीं, यहाँ यह प्रस्ताव नहीं है कि अब वर्तमान जानना है तो बेटा कम्युनिस्ट मैनिफ़ेस्टो से शुरू करो फिर आगे आओ। जिन चीजों को पतित पूँजीवाद की प्रिय पिटाई के क्रांतिकारी दौर में लोग, यानी कम्युनिस्ट प्रायः भूल गए, उन्हें पढ़ना चाहिए। यह बात किसी और ने नहीं मार्क्सवाद के कथित दुश्मन मानववाद के कथित दुश्मन जॉक देरिदा ने अपने 'मार्क्स के प्रेत' (स्पैक्टिर्स ऑफ मार्क्स) नामक चर्चित लेख में कही है :)

" 'मार्क्सवाद' की सदी को तकनीकी—वैज्ञानिक—होना था जो धरती को विकेंद्रित करती, उसकी भू राजनीति को, उसकी नृवंशात्मक पहचान या उसके

जिनेटिक तत्त्वों को, अहं और इड आदि को विकेंद्रित करती और आत्म रति के फ्रायडीय विचार को विकेंद्रित करती जिसके आत्मसंदेह विकेंद्रण की थीम हैं...इस शोक की प्रक्रिया में, इस कभी न खत्म होने वाले काम में, प्रेत फिर भी अस्तित्ववान रहता है..." (देरिदा रीडर, सं. जुलियान वुल्के, 1998, पृ. 142)

"मार्क्स के प्रेत स्वयं मार्क्स के भी हैं : वे आरंभिक प्रेत हैं जो उसी में रहते हैं। वे ऐसे प्रेत हैं जिनसे मार्क्स स्वयं संलग्न रहते और जिन्हें उन्होंने सबसे पहले जगाया होगा। इसका अर्थ यह नहीं कि वे उनके रहस्य जानते थे..."(पृ. 143)

"मार्क्स के प्रेत—इन शब्दों के साथ हम उन कुछ की बात करेंगे, जिनके आने के बारे में मार्क्स सबसे पहले जाने होते, जिनका वे वर्णन करते। प्रेत की कई अवस्थाएँ होती हैं। प्रेतों की एक विशेषता यही होती है कि कोई यह नहीं बता सकता कि वे किसी अतीत में ही रहते हैं या कि किसी भविष्य में रहने वाले हैं..."

इस मायने में कम्युनिज़्म हमेशा से प्रेतात्मक रहा है। यह हमेशा भविष्य की तरह, 'अभी होने वाला है', की तरह रहता है और जनतंत्र की तरह अपने आप के लिए उपस्थित रहा है। पूँजीवादी समाज हमेशा ही राहत की साँस ले सकते हैं और अपने आप से कह सकते हैं : बीसवीं सदी की निरंकुशता के पतन के साथ ही कम्युनिज़्म का भी पतन हुआ; लेकिन फिर उन्हें लगता है कि यह 'हुआ' नहीं है, यह जो है उसका सिर्फ भूत है।...

"एक प्रेत कभी नहीं मरता। वह हमेशा आ सकता है, लौट सकता है" (पृ. 143) इसके ठीक आगे देरिदा कम्युनिस्ट मैनिफ़ेस्टो की पहली पंक्ति पर लौटते हैं :

"कम्युनिस्ट पार्टी के मैनिफ़ेस्टो में, हम याद करें, पहले पेज पर जो संज्ञा तीन बार दुहरायी है वह है प्रेत : 'एक प्रेत यूरोप को सता रहा है'...मार्क्स ने 1848 में कहा। बाद में एंगेल्स जोड़ते हैं कि किस तरह पुराने यूरोप को यह प्रेत सता रहा है। ये प्रेत कितना आतंक पैदा कर रहा है : 'कोई कुछ और चर्चा नहीं करता सिवाय इसके' (पृ. 143)। हर दुष्कल्पना इसी के नाम से जड़ दी जाती है, मानो यह बिना किसी पटकथा का कोई भविष्यत्‌वादी टीवी सीन हो। आप भी देखते हैं। इसके संकेतों का इंतजार करते हैं :

क्या यह बोलेगा? जवाब देगा?...

ऐसे तमाम गठजोड़ किए जाते हैं ताकि इस समान दुश्मन को भगा सकें, कम्युनिज़्म के प्रेत को बाँध सकें! सब इसी प्रेत की बात करते हैं मगर आप क्या

करें वह वहाँ नहीं होता क्योंकि मृत प्रेत तो कहीं भी हो सकता है और नहीं भी हो सकता (पृ. 143-144)

देरिदा कहते हैं कि यह भूत पुराने यूरोप को दिखता है; सारे पुराने यूरोप की शक्तियाँ इस प्रेत के एक पवित्र शिकार में जुटी हैं। (पृ. 144)

यदि पुराने या नए यूरोप का आज भी पवित्र गठबंधन कम्युनिज़्म के विरोध में बनाया जाता है तो वह 'पवित्र' ही रहता है। इससे कौन इनकार कर सकता है। पवित्र पिता पोप की तस्वीर जिसका मार्क्स तब ज़िक्र करते हैं (जो पवित्र गठबंधन के केंद्र में हैं) जो एक पोलिश पादरी है, और जिसका होना नए यूरोप में गोर्बाचेव द्वारा एक बार फिर पुष्ट होता है, और जो स्वयं यूरोप के कम्युनिस्ट निरंकुशतावाद के पतन में यों ही यूरोप को पुराने ईसाई यूरोप की तरह देखते हैं, जिसमें रूस, उन्नीसवीं सदी की तरह फिर हिस्सेदारी कर सके। इसीलिए यह सब 'फुकुयामा' की तरह हीगलीय नवइवेंजालिस्टों की तरह दुनिया की कल्पना है, जिसे मार्क्स ने बेहद तेजस्वी ढंग से आक्रमित किया था जिसकी भूतों की सिद्धांतिकी को अपने हमले का लक्ष्य बनाया था (पृ. 114) यह सब, इस बिंदु पर महत्त्वपूर्ण है! (पृ. 144)

मार्क्स कम्युनिज़्म के जिस प्रेत की तब बात कर रहे थे, वह तब वहाँ न होते हुए भी था। वहाँ अस्तित्ववान नहीं था, वह वहाँ कभी न होगा। लेकिन प्रेत जैसा कुछ-कुछ तो था, वह क्या था? उसका इतिहास क्या था? समय क्या था?

प्रेत मूलतः एक ख़ास किस्म की गतिवाली दृश्यमानता है। लेकिन यह दृश्यमानता अदृश्य की है। चूँकि मूलतः एक दृश्यमानता दृश्य नहीं होती, इसीलिए वह अस्तित्व से परे रहता है। (क्या आपको मुक्तिबोध की कविता 'अँधेरे में' के दृश्य याद आए? क्या नहीं लगता कि 'मार्क्स के प्रेत' के आलोक में 'अँधेरे में', को और अँधेरे में के आलोक में देरिदा के 'मार्क्स के प्रेत' को कम-से-कम एक बार पढ़ा जाना चाहिए—सु.प.) प्रेत, अन्य बहुत-सी चीजों के अलावा, वह होता है जो हम कल्पना करते हैं, जो एक आदमी देखता है उसकी कल्पना करता है और जिसे वह अपने काल्पनिक परदे पर प्रक्षेपित करता है। जहाँ कुछ भी नहीं होता। (आपको 'अँधेरे में' की दृश्यावलियाँ, सीन याद आने लगते हैं—सु.प.)। वहाँ कोई परदा भी, कभी-कभी नहीं होता, और कोई परदा जो होता है वह सीन के नीचे तले में होता है, 'पृष्ठभूमि' की तरह होता है, एक गायब होते दृश्य के दिव्यदर्शन का ढाँचा।... अब कोई आँखें बंद नहीं कर सकता। अब तो हरेक को वापसी का इंतजार करना है।... परिप्रेक्ष्य उलटना होगा, एक बार फिर मृत या प्रेत, ऐंद्रिक

या ग़ैर-ऐंद्रिक, दृश्यमान या अदृश्यमान। पहले वही प्रेत हमें देखता है। अपनी आँख की दूसरी कोर से वह हमारे से पहले हमें देखता है। हमें लगता है कि कोई देख रहा है, कहीं कोई निगरानी रखता है। यही तो घटना है। ख़ास। यह घटना का प्रेत है। जब हम कहीं से गुजरते हैं तो वह हमें देखता है। वह हमारे पास आता है। विजिट के बाद विजिट करता है। चूँकि वह हमें देखने आता है...मार्क्स औरों से ज़्यादा जिए हैं : प्रेत की बारंबारता में यह स्पष्ट है।''

यह लंबे लेख का एक अंश है। इस टिप्पणी के आकार में किंचित लंबा ही उद्धरण है। कम्युनिस्ट मैनिफ़ेस्टो के आरंभ में यूरोप को जिस सताने वाले प्रेत की चर्चा मार्क्स-एंगेल्स करते हैं : देरिदा उसे एक सतत रूपक मानते हैं : शायद सांग रूपक जिसमें पहले मार्क्स फँसे थे। अब नया यूरोप फिर फँसा है, इसीलिए देरिदा ने अपने लेख का शीर्षक 'मार्क्स के प्रेत' दिया है! मैनिफ़ेस्टो की महत्ता से इनकार न करते हुए भी देरिदा अपनी पाठ रणनीति से प्रेत की बारंबारता को एक शाश्वत 'विवर्त्त' की तरह, होने न होने की तरह मानते हैं। बहुत से कट्टर कम्युनिस्ट इस व्याख्या को कम्युनिस्ट विरोधी कहकर धिक्कार चुके हैं, लेकिन इस ग्लोबल जनतंत्र में हमें देरिदा के साथ इसे एक बार पढ़ना चाहिए तब ज्ञात होगा कि देरिदा सरल सी बात नहीं कर रहे हैं, वे 'प्रेत' के महानायक की बारंबारता और मूर्त्त अमूर्त्तता के बीच कोई शून्य देख रहे हैं जिसे मार्क्स ने देखा! और इन दिनों 'ग़ैर-मार्क्सवादी नज़रिए को भी एक बार समझा जाना चाहिए।

हमने बहुत शुरू में कहा था कि इस देशकाल को, उसके किसी एक सिरे को समझना, उसकी व्याख्या करना आसान नहीं, हम एक सिरा लेकर (यदि वह हमें मिल सकता है कभी-कभी तो) चलते हैं और धागा टूट जाता है। आप 'समग्र' में चीजों को नहीं बाँध सकते। आप समाजवाद बरक्स साम्राज्यवाद के विलोमों में सब कुछ डिफाइन नहीं कर सकते। समाजवाद बचा नहीं तब भी यदि अंतर्विरोध है तो वह समाजवाद की पूर्व उपस्थिति की तरह!! वर्तमान अनुपस्थिति और दुर्दम्य नव साम्राज्यवाद (यदि हम इस पदावली को स्वीकार करें तो) 'सक्रिय' है। यहाँ 'सक्रिय' को भी ठीक-ठीक सोचना होगा।

क्या कम्युनिज़्म का प्रेत यूरोप से उतर गया है? क्या पूँजीवाद ने अपने आंतरिक अंतर्विरोधों का समाहार कर लिया है या रूपांतरित कर दिया है जो कि अब उन अंतर्विरोधों में व्यक्त नहीं होता जो कम्युनिस्टों ने दूसरे विश्वयुद्ध के बाद तय किए थे?

प्रसंगवश कह दें कि जिस क्षण सोवियत संघ गिरा, विखण्डित हुआ उसी

के आसपास अमरीका के स्टॉक एक्सचेंज में कम्युनिस्ट मैनिफ़ेस्टो के मुखपृष्ठ को सोने में मढ़वाकर दीवार पर टाँगने की बात आयी। शायद, टाँग भी लिया हो। क्या यूरोप को सताने वाला प्रेत महा कॉरपोरेटों की दुनिया के धन कुबेरों के बालरूम में ऊपर टँगा विश्व सेठ वर्ग की लीलाएँ देखता होगा!

अजीब सिहरन होती है। प्रेत की बात आते ही। मुक्तिबोध की 'अँधेरे में' के वातावरण की याद आती है। ''सूनापन सिहरा...अँधेरे में ध्वनियों के बुलबुले उभरे।...''

क्या नहीं लगता कि देरिदा का 'मार्क्स के प्रेत' अब भी धनकुबेरों को देख रहा है। विजिट कर रहा है। पहले कम्युनिस्ट का प्रेत था। ये मार्क्स के प्रेत हैं और वे अमरीका में हैं। वाल स्ट्रीट में हैं!! एक फ्रेम में सबको देखते-घूरते हुए।

और हम जल्दबाज लोग सोचते हैं कि तब कुछ कहीं होता क्यों नहीं? यह पूँजी का मठ टूटता क्यों नहीं! यूरोप में सबसे ज़्यादा पढ़ी जाने वाली किताब 'कम्युनिस्ट मैनिफ़ेस्टो' बनती है। यह मैनिफ़ेस्टो वातावरण है...'पुराने' प्रेत एक वातावरण है! पवित्र गठबंधन की कम्युनिज़्म के प्रेत से अभी तक एक लड़ाई जारी है, लेकिन यह एक शिविर का उस दूसरे के विरोध में युद्ध है जो परस्पर भूत के 'डर' से पैदा होता है। एक वह अपने सामने वाले से लड़ता है। दूसरा जो उसके भीतर समा गया है। उससे लड़ता है। (वही, पृ. 148)

अपने लेख के एक बिंदु पर देरिदा 'लुई बोनापार्ट' की अठारहवीं बूमेर की चर्चा करते हैं : फिर वे कैपीटल में मार्क्स द्वारा 'मारकेट के पण्योत्पादन और फीटिशिज़्म' की चर्चा करते हैं और पाते हैं कि मार्क्स ने वहाँ भी 'फीटिशिज़्म' को (पण्यों के प्रवाह को) एक प्रकार का 'फेण्टोमेटिक ऑब्जेक्टिविटी' (भूतात्मक वास्तविकता) कहा है, यहाँ भी फेण्टोमोटिक पर जोर है।

देरिदा मार्क्स की भाषा के रूपकों को धर्म की भाषा से, साथ ही तकनीक के साथ उसके 'संपूर्ण प्रमेय' बनाने के प्रयत्न से जोड़कर पढ़ते हैं : वे कहते हैं : 'उन आयामों के बाहर (कैपीटल के आयाम) जो सिर्फ मार्क्स की व्याख्या के नहीं हैं, आज रोजमर्रा की जिंदगी के आयाम भी हैं जो धर्म और तकनीक को एक सूत्र में जोड़कर देखते हैं' (पृ. 156) वे फिर प्रेत को (मार्क्स के प्रेतों को) समकाल से जोड़ते हैं और बड़े जटिल ढंग से कहें कि कुछ संकेतों से। इसे कहते हैं—''विज्ञान और इलेक्ट्रॉनिकी अब (मार्क्स के प्रेतों के समय में) तकनीक विभेदी वितरण के दाँव पर लगी है। यह स्थिति हमें, देशकाल के 'वर्चुअलाइजेशन' आभासीकरण के बारे में—'वर्चुअल घटनाओं की संभावनाओं के बारे में—सोचने का मौका देती है। घटनाएँ जिनकी स्पीड और घटनात्मकता हमें हमेशा से ज़्यादा वर्तमान (वर्तमान

अस्तित्व, अर्थ या मानी) के विरोध में उसके प्रतिनिधान को रखने से ही मना करती है। वर्तमान के विरोध में उसके प्रतिनिधान, 'यथार्थ' समय को उसके 'स्थगित समय' के विरोध में देखने, उसकी छलना को देखने, अजीवित को 'जीवित' रखने, संक्षेप में जीवित को भूत की मानिन्द अजीवित में विरोध नहीं देखने देती।" (वही, पृ. 157)

यह स्थिति हमें मौका देती है कि, 'वहाँ किसी जनतंत्र के किसी अन्य स्पेस को तलाशें, कारण है : अगला जनतंत्र होगा और न्याय के लिए होगा। हमने कहा कि घटनाएँ चारों ओर से घिराव कर रही हैं जो किसी 'एकसूत्र' के भूत से हाँके जाने से मना करती हैं। टेली तकनीकों के 'वर्चुअल स्पेसों' में 'आभासीय स्पेस' में जिसमें हमारे समय की चूलें उतर गई हैं जैसाकि प्रेमियों, परिवारों, राष्ट्रों के साथ दिखता है—मसीहा तक इन घटनाओं के आगे काँपते हैं। यही हिचकिचाहट है, कोई दूसरा अनुभव नहीं। यह अनुभव किसी दूसरी तरह से नहीं आता। सवाल उठता है : कैसे हम इसे जगह दें, इसे कहने के लिए क्या तरीका अपनाएँ, भविष्य को ख़त्म किए बिना इसे कैसे कहें। राष्ट्रवाद भी खून की तरह घृणा बोते हैं, सिर्फ अपराध नहीं करते। उनका कोई 'भविष्य नहीं है।' अब उनके पास देने को मूर्खता या अवचेतन कुछ भी तो नहीं बचा। वे सिर्फ जिए चले जा रहे हैं। उनकी यह मसीहाई हिचक अब कहीं कोई फ़र्क नहीं पैदा करती। कोई जिम्मेदारी आयद नहीं करती....' (पृ. 158)

देरिदा नए समय में मार्क्सवाद को किसी 'अच्छे मार्क्सवाद' से बदलने की बात करते हैं। वे 'जर्मन आइडियोलोजी और कैपीटल' में 'फेंटोमेटिक फेंटास्टिक, फीटिशिस्टक या विचारधारात्मक रूपकों की बारंबारता में आकर भी, उस छलना को पकड़ते हैं जो 'पण्य' के प्रवाह ने पैदा की है जो सिर्फ काल्पनिक नहीं है। यह एक बनाया गया जगत् है, एक तकनीकी जगत् है, जिसका विधान करना या जिसे तोड़ना मेहनत माँगता है। (मार्क्स की दृष्टि का) यह नज़रिया वस्तुओं की यह गतिमयता, मूल्यवान है, जिसका कोई स्थानापन्न नहीं है बशर्ते कि उसे नई स्थितियों में 'एडजस्ट' किया जाए। नई जुगत भिड़ाई जाए जैसी कि वह किसी भी 'अच्छे मार्क्सवाद' से 'एजडस्ट' की जाएगी, नई संरचनाओं, स्थितियों से जोड़ी जाएगी, जो टैली तकनीक से 'एडजस्ट' की जाएगी जैसी कि वह हमेशा हुई है। मार्क्स अपने 'क्रिटीक', अपनी आलोचना को एक आधार देना चाहते थे, दूसरे शब्दों में वे इस तमाशे भरी छलना के भूत को किसी सत्त' मीमांसात्मक (आंटोलोजीकल) सूत्र में पिरो देना चाहते थे। यह एक आलोचनात्‌क लेकिन पूर्व विखंडनात्मक तत्त्व है—वर्तमान को वास्तविक मानकर चलने वाला सत्तामूलक विमर्श। यहाँ

आलोचनात्मक सत्ता मीमांसा (आंटोलोजी) का अर्थ है कि भूतों (फेण्टम) को भगाने के लिए ही वह है। तब हमें फिर कहने का साहस करना चाहिए कि हम इसे फिर एक झाड़फूँक, एक मंत्र से ठीक कर व्यक्ति की चेतना को प्रतिनिधानात्मक बनाएँगे और इस प्रतिनिधानात्मक को श्रम, उत्पादन, विनिमय से जोड़ेंगे ताकि वह अपनी वास्तविक दशा को प्राप्त हो (वही, पृ. 158)। मार्क्स ने अपने समय की उन तमाम चीजों को बताया जिनमें विचार क्रित बनते थे, यह जगत् बनाते थे, श्रम पर विचार किया जो विभक्त था। आज ऐसी बहुत सी बातें हैं जिन्होंने समय को अपनी कीलीं से उतार दिया है, सब कुछ अस्थिर, उपद्रव भरा कर दिया है। यह एक अपनी जगह से उखड़ा-बिखरा समय है लेकिन इसके बिना कोई इतिहास, कोई घटना, कोई वादा नहीं हो सकता। (वही, पृ. 158) देरिदा आगे लिखते हैं :

"भूत के अभाव में क्या कोई अपने आपसे संबोधन कर सकता है? अगर वह व्यक्ति कम-से-कम 'न्याय' को चाहता है, वह भविष्य का विद्वान है, आने वाले कल का बुद्धिजीवी है। उसे यह मर्म सीखना चाहिए और भूत से सीखना चाहिए। उसे सीखना चाहिए कि वह भूत से 'गप्पें' मारे, यह जाने कि संवाद कैसे किया जाता है। या उन्हें कैसे बोलने दिया जाता है। अगर भूत किसी के भीतर ही है, अन्य रूप में है, या कि वह नहीं है तो भी! हम ज्यों ही मुख खोलते हैं वे हमें पुनर्विचार को बहुत कुछ लौटा देते हैं। तुम एक विद्वान हो, उससे संवाद करो। होरेशियो।" (वही 'स्पेक्टिर्स ऑफ मार्क्स', पृ. 158)

पुराने यूरोप को कम्युनिज़्म की प्रेत छायाएँ अभिशप्त कर रही थीं और नए यूरोप (अमरीका) की नींद मार्क्स के प्रेत हराम कर रहे हैं।

देरिदा के इस वाक्य में एक विडम्बनात्मकता भी पढ़ी जा सकती है! और 'इतिहास का दुहराव भी कि यदि 'मार्क्स के प्रेत' कॉमिक या त्रासद दुहराव में हैं तो इतिहास का एक मार्क्सीय दुहराव, भी यहाँ पढ़ा जा सकता है! ज़ाहिर है 'मार्क्स के प्रेत' में विडंबना से ज़्यादा वक्रोक्ति और उससे भी ज़्यादा व्यायोक्ति है।

इस प्रसंग को छोड़ने से पहले हमें यह ज़रूर (अपने आपसे ज़्यादा, बहुराष्ट्रीय निगमों, विश्व बैंकों, अमरीकी सेठों, यूरोपीय सेठों से) पूछना चाहिए कि क्या वह प्रेत तुम्हारे झाड़-फूँक के वशीभूत हो गया या, कि अब भी डर है तुम्हें? यहीं से कम्युनिस्ट मैनिफ़ेस्टो के प्रेत का रूपक बदलता है। आरंभ की कुछ रूपकवादी प्रेतोक्तियों से भरी पंक्तियों के बाद मार्क्स दो बिंदुओं में 'प्रेत' के साक्षात रूप धारण करने को कहते हैं : 'पहला समस्त यूरोपीय ताकतें अपने वर्तमान (1848 के आसपास के दौर में) कम्युनिज़्म को अपने आप में एक सत्ता मानती हैं। दूसरा

यही सही समय है कि कम्युनिस्टों को खुलकर दुनिया को बताना चाहिए कि उनकी विश्वदृष्टि क्या है?'

क्या ये दोनों बातें, कम्युनिज़्म के कई समाजवादी प्रयोगों के असफल होने के बाद भी सही नहीं हैं? क्या नहीं लगता कि, अब भी 1848 का सच कुछ विकसित होकर आज का भी सच है? अचानक लगता है कि यूरोप को, अमरीका को मार्क्स के प्रेत अब भी सताते हैं और इसलिए हमें इन 'प्रेतात्मक रूपकों' से बाहर आना चाहिए। मार्क्स के शब्दों में : 'इन द फेस ऑफ होल वर्ल्ड' (मार्क्स एंगेल्स, कलेक्टेड वर्क्स, खंड 56, पृ. 481)।

इसे अब हम यों पढ़ें : कम्युनिज़्म का विचार अपने उपलब्ध इतिहास के साथ दुनिया के सामने है। अब भी है और खूब है। यूरोप में मैनिफ़ेस्टो सबसे ज़्यादा जानी जाने वाली किताब बताई गई है।

क्या 'मैनिफ़ेस्टो' की पॉपूलरिटी–कम्युनिज़्म के विचारों को साक्षात् करने से अलग है। क्या कम्युनिस्ट मैनिफ़ेस्टो का ज़्यादा पढ़ा जाना, उसका लोकप्रिय होना, उसका पूँजीवाद द्वारा पचा लिया जाना (कंजप्शन) है, उदरस्थ कर लेना है? एक मन कहता है कि हाँ! और एक मन कहता है कि नहीं ऐसा नहीं हो सकता। नहीं हो सकता।

कम्युनिज़्म का प्रेत...

प्रेतों को वश में करने के तरीके भी तो प्रेतात्मक ही होते हैं। तब क्यों न हम प्रेतवाद से हटकर, मार्क्स के व्याख्यात्मक रूपक से निकलकर जरा उस ओर पढ़ें जहाँ मार्क्स 'बुर्जुआ और प्रोलेतारियत' नामक पहले अध्याय को दोनों वर्गों के अंतर्विरोधों पर केंद्रित करके, इनके विलोमों के बीच किसी क्रांतिकारी की परिकल्पना करते हैं : पुराने (बुर्जुआ वर्ग से पहले के) समाजों में 'समाज की बड़ी जटिल व्यवस्थाएँ' हैं लेकिन आधुनिक बुर्जुआ समाज, जो सामंतवादी ध्वंसावशेषों से निकले हैं, उन्होंने विरोधों को खत्म नहीं किया लेकिन नए वर्ग, शोषण की नई दशाएँ, संघर्षों के नए रूप विकसित किए हैं!

"हमारा यह युग (इपॉक), यह बुर्जुआ का युग, एक खास विशेषता वाला है : विशेषता यह कि हमने वर्ग विरोधों को सरल कर दिया है। समाज अपने समूचे आधार में, अधिकाधिक दो बड़े शिविरों में विभक्त हो रहा है, जिसमें दो महान वर्ग एक दूसरे के सामने हैं : बुर्जुआ और सर्वहारा!" (वही, मैनिफ़ेस्टो ऑफ कम्युनिस्ट पार्टी, पृ. 485)

यहीं मार्क्स-एंगेल्स अपने वक्त के बाज़ार, उसकी बढ़ती माँग, तकनीक के रूप में स्टीम एंजिन, मशीनरी आदि के बारे में कहते हैं कि इन्होंने औद्योगिक उत्पादन में क्रांतिकारी परिवर्तन किए हैं। मैनुफैक्चरिंग की जगह दैत्याकार आधुनिक उद्योग ने ले ली है, औद्योगिक मध्य वर्ग की जगह औद्योगिक करोड़पतियों ने ले ली है। ये नई औद्योगिक सेनाएँ हैं : आधुनिक बुर्जुआ सेना (वही, पृ. 485)

मार्क्स-एंगेल्स यहीं कहते हैं : "आधुनिक बुर्जुआ विकास के हर चरण में राजनीतिक विकास में भी समानांतर परिवर्तनशील रहा है।" (वही, पृ. 486) इसके आगे बुर्जुआ की सामंतीय संबंधों को तोड़ डालने की क्रांतिकारी भूमिका के सूत्र रूप में वर्णन है...सभी सामंतीय संबंधों का खात्मा, नितांत नग्न स्वार्थों से संबंधों में आदमी को बाँधना, विनिमय मूल्य में सब संबंधों को बदल डालना, और 'फ्रीडम' के नाम 'फ्री ट्रेड' को स्थापित करना।

कम्युनिस्ट मैनिफ़ेस्टो जहाँ 'प्रेत की तरह', बुर्जुआ के लिए है, वहीं मार्क्स-एंगेल्स के लिए बुर्जुआ वर्ग 'प्रेत' न होकर एक ठोस हक़ीकत है यहाँ तक कि वह क्रांतिकारी है, युगांतकारी (इपॉकल) है!

इससे आगे वे दो-तीन पैराग्राफ़ बुर्जुआ वर्ग की 'क्रांतिकारी' भूमिका पर बेहद ठोस किंतु, जटिल बारीकी के साथ लिखते हैं! इन हिस्सों को समाजवाद की स्थापना के बाद और यहाँ तक कि समाजवाद के विघटन के बाद भी कायदे से नहीं याद किया जाता। कारण क्रांतिकारी बुर्जुआ वर्ग पतित वर्ग का चरित्र उसी क्षण धारण कर गया जिस क्षण सर्वहारा वर्ग की सत्ता ने समाजवाद कायम किया। 'पतित' 'वर्ग' को क्या पढ़ना! क्या समझना! यह तो अपने आप निपट जाएगा! हिंदी की आलोचना में ऐसे कई आलोचक नज़र आते हैं जो बुर्जुआ वर्ग के हर तत्त्व को व्यर्थ मानकर नकारकर चलते रहे, और यह मानकर चलते रहे कि सर्वहारा के आने के बाद बुर्जुआ की शक्ति एकदम खत्म हो गयी हो। सांस्कृतिक, सामाजिक विमर्शों में यह प्रवृत्ति दूर तक नज़र आती है। राजनीतिक आलोचना भी इससे बरी नहीं दिखती है। लेकिन कम्युनिस्ट मैनिफ़ेस्टो बुर्जुआ की शक्ति, उसकी, प्रक्रियागत युगांतकारी व्याख्या करता है। मार्क्स-एंगेल्स आने वाले पैराग्राफ़ों में बुर्जुआ वर्ग की सामाजिक, आर्थिक, मनोवैज्ञानिक प्रवृत्तियों की ऐसी व्याख्या पेश करते हैं, जिनके बारे में इतना ही कहा जा सकता है कि इन उत्तर समाजवादी दिनों में दुनिया भर में जो हो रहा है, उसके लक्षण, उसके होने की अनिवार्यता, ऐतिहासिक परिणतियों का एक नक्शा मार्क्स-एंगेल्स ने इतने पहले (1848) में ही देख लिया था, और जिसे लोग भूल गए हैं तथा नए परिवर्तनों पर ऐसा चौंकते हैं। (इनमें बहुत से

प्रगतिवादी भी देखे जा सकते हैं) जैसे पहली बार यह सब बताया जा रहा है।

मार्क्स-एंगेल्स कहते हैं : "उत्पादन के औजारों में सतत क्रांतिकारी परिवर्तन किए बिना, और हर तरह उत्पादन संबंधों में सतत क्रांतिकारी परिवर्तन किए बिना और इनके साथ-साथ समाज के समस्त संबंधों को बदले बिना बुर्जुआ वर्ग अस्तित्ववान नहीं रह सकता। पुरानी उत्पादन प्रक्रियाओं को ज्यों-त्यों बनाए रखना, बुर्जुआ पूर्व के सभी उद्यमी वर्गों के अस्तित्व की पहली शर्त था। उत्पादन को लगातार क्रांतिकारी ढंग से बदलते चलना, सभी सामाजिक संबंधों में अव्याहत उपद्रव पैदा करना, एक शाश्वत किस्म की अनिश्चितता और आंदोलन बुर्जुआ इपॉक को उससे पूर्व के सारे युगों से अलग बनाते हैं, सभी पक्के (फिक्स्ड), जमे- जमाए संबंध, जिनमें पुराने आदर्श संस्कार व विचार जमे रहते थे—सब बुहार दिए जाते हैं। नए जो बनाए जाते हैं, टिकने से पहले बदल जाते हैं। वह सब जो ठोस है, 'भाप' की तरह उड़ जाता है, जो भी पवित्र है, वह लौकिक (अपवित्र) बन जाता है और आदमी अपनी गंभीर बुद्धि से अपने जीवन की यथार्थ स्थितियों को साक्षात् करने और अपने जैसों के साथ संबंध को समझने को मजबूर होता है।" (वही पृ. 487)

"अपने उत्पादों के लिए बाज़ार का सतत विस्तार करने की ज़रूरत बुर्जुआ को इस भूमंडल के समूचे धरातल भर में दौड़ाती है। वह हर जगह अपना अड्डा लगाता है, हर जगह ठिकाना बनाता है, सर्वत्र संबंध स्थापित करता है!

"दुनिया के बाज़ार के दोहन के ज़रिए बुर्जुआ ने प्रत्येक देश में उत्पादन एवं उपभोग के चरित्र को ब्रह्मांडीय (कॉस्मोपॉलिटन) चरित्र बख़्शा है। प्रतिक्रियावादियों को संताप देते हुए उनके उद्योग के नीचे से राष्ट्रीय ज़मीन खिसका दी है जिन पर वे खड़े थे। सभी पुराने स्थापित उद्योग नष्ट किए जा चुके हैं या रोजाना किए जा रहे हैं। उनकी जगह नए उद्योगों ने ले ली है जिन्हें शुरू करना सभी सभ्य राष्ट्रों के लिए जीवन-मरण का प्रश्न बन जाता हैं, ये उद्योग हैं, जिनका उत्पादन सिर्फ घरेलू बाजार में उपयुक्त नहीं होता बल्कि इस भूमंडल के हर हिस्से में उपभोग में आता है—पुरानी ज़रूरतों की जगह, जिन्हें देशज उत्पाद तुष्ट किया करते थे, हम नई ज़रूरतें बनती देखते हैं, जिन्हें तुष्ट करने के लिए पास या दूर से उत्पाद आते हैं। आत्मनिर्भरता के राष्ट्रीय तथा पुराने स्थान के एकांतों की जगह, अब हर दिशा में आवाजाही होती है और इस तरह एक सार्वभौमिक अंतर्निर्भरता बनती है। जो भौतिक उत्पादों में होता है वही बौद्धिक उत्पादों में होता है। राष्ट्रों के बौद्धिक सृजन साझा संपत्ति बन जाते हैं। राष्ट्रीय एक-पक्षीयता और संकीर्णता अधिकाधिक असंभव हो जाती है और अनंत राष्ट्रीय एवं स्थानीय साहित्यों के बीच से एक विश्व

साहित्य पैदा होता है।" (वही, पृ. 488)

"बुर्जुआ उत्पादन के सभी औजारों में तेजी से सुधार करते हुए तथा संचार के साधनों की अत्यधिक सुकरता के ज़रिए, सर्वाधिक बर्बर राष्ट्रों को सभ्यता की परिधि में ले आता है...." (वही, पृ. 488)

मार्क्स-एंगेल्स के कलैक्टेड वर्क्स 1978 के संस्करण में बुर्जुआ और सर्वहारा नामक प्रथम अध्याय कोई बारह पृष्ठों तक फैला है, जिनमें से कुछ पैराग्राफों का अपने ढंग से अनुवाद इस लेखक ने इसलिए किया है क्योंकि नई स्थितियों में नए पाठ की ज़रूरत, कम-से-कम इस, टिप्पणी को थी। इसके लिए मास्को से प्रकाशित अनूदित हिंदी पाठ उन मामूली से किंतु गंभीर संकेतों को छोड़कर चले जाते हैं, जिनके अभाव में कम्युनिस्ट मैनिफ़ेस्टो एक मामूली दस्तावेज़ बना रह जा सकता है। इस लेखक को आग्रह है कि यदि आज इस मैनिफ़ेस्टो का अनुवाद किया जाए तो अनेक बलाघात बदल जाएँगे और तब वह एक अधिक संगत दस्तावेज़ होगा।

उक्त अनूदित अनुच्छेद इतना तो बताते ही हैं कि बुर्जुआ वर्ग की क्रांतिकारी भूमिका के बारे में मार्क्स-एंगेल्स मूलतः समाज आर्थिक दार्शनिकों की तरह बातें करते हैं। यद्यपि घोषणा-पत्र की भाषा कहीं-कहीं सीधी एजेण्डामूलक भी है। उसमें प्रोग्रेम ऑफ एक्शन भी है। हम देख सकते हैं कि मार्क्स-एंगेल्स का बल पूँजीवाद की वस्तुगत प्रक्रियाओं पर, उनके तत्कालीन वार्तमानिक भविष्यगत फलागमों पर है। उनका बल बुर्जुआ द्वारा उत्पादन के साधनों में लगातार क्रांतिकारी परिवर्तन पर है और प्रवृत्तियों पर है जो भूमंडलीकरण को संभव करेंगी इनमें लगातार हर वाक्य तत्कालीन वर्तमान में जितना है उतना ही भविष्यत् में भी जाता है। वहाँ कहीं भी तत्कालीन हिसाब निपटाना नहीं है। युग की प्रवृत्तियों का आकलन है, फैलावट है। यही चीज है जो बताती है कि सोवियत संघ क्यों गिरा? साम्राज्यवाद में पूँजीवादी खाद-पानी की ज़रूरत हुई और इससे यह बात भी निकलती है कि बुर्जुआ वर्ग को क्रांतिकारी के रूप में पहचाना गया। सर्वहारा वर्ग क्यों पीछे हटा और बिला गया? क्या यह नक़्शा मार्क्स के नक़्शे से अलग वस्तुगत स्थितियों ने बनाया है? क्या तब पूँजीवाद की जगह लेने की जगह पूँजीवाद के सुदीर्घ क्रमिक पर्यवसान की ऐसी कल्पना की जा सकती है जब पूँजी का अंतर्विरोधी रूप धीरे-धीरे लुप्त हो जाए? यह तब ग़ैर मार्क्सीय धारणा होगी!

मार्क्स-एंगेल्स अपनी टिप्पणियों में एक बड़ी बात बार-बार यह कहते हैं कि पुराने 'राष्ट्रवादी' सीमांत खत्म हो रहे हैं, हो जाएँगे! इसका अर्थ क्या यह भी था कि आप राष्ट्रीय खेलों में बुर्जुआ को नहीं पकड़ सकते क्योंकि वह उनमें होते

हुए भी नहीं होता, सार्वभौम भी होता है और तब यहीं कहीं क्या राष्ट्रीय स्थानीय बरक्स सार्वभौम के नए अंतर्विरोध बनते नजर नहीं आते?

जिन चार अंतर्विरोधों पर दुनिया भर की पार्टियाँ चलीं और बची-खुची अब भी चल रही हैं, वहाँ तकनीक और श्रम के नए अंतर्विरोधों के संबंधों पर भी मार्क्स-एंगेल्स कम्युनिस्ट मैनिफ़ेस्टो में प्रकाश डालते हैं।

यह प्रसंग यही ख़त्म होना चाहिए जिन्हें मैनिफ़ेस्टो का नया पाठ करना है, वे उसे करें तो अच्छा है।

यहाँ से हम अपने यहाँ के पूँजीवाद और उसके अंतर्विरोधों की ओर आते हैं जो कहता है कि इस 'राष्ट्रीय' का 'साम्राज्यवाद' से अंतर्विरोध है! क्या यह अंतर्विरोध तत्त्वतः रह गया है? क्या यह क्रियमाण है? सक्रिय है? पूँजीवाद ने विश्व पूँजीवाद की रूपरेखा को विश्व व्यापार संगठन, आई.एम.एफ. तथा अन्य अनेक संस्थानों द्वारा संभव किया है जिनके ज़रिए वह स्थानीय, राष्ट्रीय बर्बर से बर्बर राष्ट्रों को भी पूँजीवादी सभ्यता की परिधि में ले आना चाहता है! क्या आज का पूँजीवाद अपनी समूची सीमाओं के ज़रिए यही नहीं कर रहा है कि वह सबको पूँजीवादी सभ्यता में ले आ रहा है?

यहाँ पूँजीवाद को पश्चिमी सभ्यता, ईसाई सभ्यता मानने से समस्या पैदा होती है। पूँजीवाद के दबाव के नए प्रतिलोमी चिह्न अस्मितामूलकता, स्थानीयता, हाशियावृत्त आदि तमाम चिह्न अंततः पूँजीवादी विश्व व्यवस्था के विस्तार के चिह्न ही हैं। वे उसे विस्तृत करते हैं; जिन नए रास्तों में वह जा रहा है, वहाँ की आँच उसे इसी तरह लगती है! वह उन्हें भी पचाता है फिर पालतू बनाता है।

हाँ इस क्रम में सर्वहारा वर्ग कहीं खो गया। पैदा होने से, विकसित होने से पहले ही खो गया तो सर्वहारा (अपने क्लासिकल अर्थ में) बरक्स पूँजीपति वर्ग का अंतर्विरोध भी बिलाने लगा है। जहाँ बिला नहीं पा रहा वहाँ वह एक पुरानी कहानी की तरह नज़र आता है। यह अंतर्विरोध जिस पर मज़दूर वर्ग की हड़ताल हर जोर जुल्म के टक्कर में हथियार की तरह काम आती थी, अब भोथरी होने लगी है। यह पूँजीवाद के वर्चस्व का परिणाम है कि वह अपनी 'कब्र खोदने वाले' को नरम बना चुका है। यह बुर्जुआ का वर्चस्व है। यह तात्विक है, सिर्फ राजनीतिक तत्त्व नहीं। इन दिनों यह बात अचानक बहुत नजदीक होती नज़र आती है।

कुछ पहले ही हमारे यहाँ हवाई अड्डा कर्मियों ने हड़ताल की। हड़ताल का कारण हवाई अड्डों का पुनर्नवीकरण था, जिन्हें ठेके पर देशी या विदेशी कंपनियों को नीलाम किया जाना था। यूनियनें वामपंथियों के नेतृत्व में थीं। उन्होंने हड़ताल

का आह्वान किया। हड़ताल जिस बिंदु से शुरू हुई थी, वहीं पर, लगभग खत्म हुई। पी.एम. ने जो आश्वासन पहले दिए थे वही बाद में दिए।

इस सीन पर भारत के सबसे बड़े सूचना तकनीकी उद्योग इन्फोसिस टेक्नोलाजी के सीईओ, प्रेसीडेंट तथा मैनेजिंग डाइरेक्टर नंदन नीलकेनी ने कमेंट किया! (देखिए, इंडियन एक्सप्रेस, 10 फरवरी, 2006)

''जिस तरह 1991 का खाड़ी युद्ध टेलीवाइज्ड युद्ध था जिसने युद्ध को देखने के नज़रिए को बदल दिया, यह हड़ताल भी मीडिया ने ही व्याख्यायित की।''

यह पहली बड़ी टिप्पणी थी जो अन्यथा हड़ताल विरोधी मीडिया में, हड़ताल के निर्माण में मीडिया के रोल और मार्केट के रोल को दो टूक और आक्रामक ढंग से बताती थी—जो प्रकारांतर से नए विश्व में सूचना तकनीक से सरगनों के जन-संघर्षों के प्रति सकल नज़रिए का एक नमूना भी देती थी। संपादकीय पृष्ठ का प्रमुख लेख 20वीं सदी के आखिर में प्रकाशित चर्चित किताब 'द कमांडिंग हाईट्स' (डेनियल मर्गिन-जोसेफ स्टानिस्लाव) के हवाले से शुरू होती है कि सोवियत विघटन, बर्लिन दीवार के गिरने, चीन में पूँजीवाद अपनाए जाने के बाद दुनिया भर में आर्थिक विकास के लिए सरकारों की जगह मार्केट पर निर्भरता का विचार बढ़ा...

हड़ताल का शत्रु—मज़दूर वर्ग का यह शत्रु—अपनी ताकत को कितना और किस कदर पहचानता है इसके लिए यहाँ उक्त लेख का ये पैरा दर्शनीय है—

''जिस तरह उन्नीसवीं सदी के आखिर में स्टीम इंजिन और टेलीग्राफ ने व्यापार, आवागमन के घर्षणों को नाम दिया था तथा विश्व व्यापार को एक बढ़त दी थी, उसी तरह इक्कीसवीं सदी ने शुरुआत में ही सॉफ्टवेयर, ब्रॉडबैंड तथा इंटरनेट का विस्फोट देखा है, जिसने दूरी के विचार को ख़त्म कर दिया है तथा राज्य सत्ताओं पर बाज़ारों को नियंत्रित करने के लिए दबाव बनाने की नागरिकों की क्षमता को कमतर कर दिया है।

''सुधार का यह मुहावरा 1922 ई. में स्वयं लेनिन ने ही ईज़ाद किया था जब वे अपनी 'न्यू इकानामिक पॉलिसी' के पक्ष में तर्क पेश करते थे। लेनिन के शब्दों में बाज़ारों को सीमित क्षेत्र में काम करने दिया जाएगा। राजसत्ता समाजार्थिक संचालन की 'कमांडिंग हाईट्स' (उत्पादन के बड़े साधनों) का नियंत्रण करेगी। यही विचार बाद में ब्रिटेन से होता नेहरू तक आया...''

यहाँ नीलकेनी के दो विचार बिंदु निष्ठुर दिखते हुए भी ध्यान देने योग्य हैं। उनका सारा जोर तकनीकी परिवर्तनों और उनसे पूँजी के संबंधों पर है, साथ

ही वे वामपंथियों से इस संबंध को समझने का आग्रह भी करते हैं। क्या हमारे वामपंथी वाकई इतने तकनीक विरोधी से हो गए हैं कि नीलकेनी को उन्हें प्रबोधना पड़े?

लेकिन 'दुश्मन' के यहाँ से आया यह विचार बहुत दूर तक सच लगता है। वामपंथियों के 'कंडीशंड रिफ्लैक्सेज़' औद्योगिक क्रांति के ज़माने के नजर आते हैं, उनकी ट्रेड यूनियनें, उनके एक्शन, उनके व्यवहार सब इसका प्रमाण हैं। वे हड़ताल को अब भी एक कारगर औजार मानते हैं, जबकि अब यह एक इतिहास ही है कि उदारीकरण के दौर के बाद से, देशज पूँजी विश्व पूँजी के गठजोड़ और तकनीकी क्रांति के उसमें अग्रणी भूमिका निभाने के इन दिनों में "हर जोर-जुल्म की टक्कर में हड़ताल हमारा नारा है" कारगर नहीं रह गया है। हड़तालें होती हैं, परिणाम कुछ नहीं निकलता। हाँ मज़दूर वर्ग में हताशा बढ़ती है। वह बढ़ती है, लेकिन यह भी है कि यह हताशा किसी क्रांतिकारी उभार का संकेत नहीं देती। पूँजी के जटिल और अनंत प्रसार ने संघर्ष के बहुत सारे बिंदुओं को नरम बना डाला है। मार्क्स-एंगेल्स ने मैनिफ़ेस्टो में कहा है कि बुर्जुआ वर्ग ने अंतर्विरोधों को 'सरल' बना डाला है।

क्या वाकई?

क्या नई पूँजी के परिणामों, उसके प्रभावों, उसके व्यावहारिक संस्कारों ने मनुष्य के उसके चित्त निर्माण में, तनाव के निर्माण में कोई ऐसी दुरभिसंधिपूर्ण भूमिका निभाई है कि एक वक्त में 'सर्वहारा' हो सकने वाले मज़दूर का या तो बुर्जुआकरण हो गया है या लंपटीकरण। नई पूँजी ने चीजें वैसी सरल नहीं रहने दी हैं। इस कठिनाई का पूरा पक्का पता शायद पूँजीपति वर्ग को भी नहीं है! बाज़ारों, विश्व बाज़ारों की हलचलें, तरल वित्तीय पूँजी के तरल क्षिप्रचलन का परिणाम कब कहाँ क्या होगा? इसमें वित्त शास्त्रीय फार्मूले कई बार काम करते नहीं दिखते। यहीं मार्क्स की '1844 की आर्थिक-दार्शनिक पांडुलिपियों' में 'द पॉवर मनी' नामक एक अध्याय का स्मरण आता है।

मनी : 1844 की आर्थिक-दार्शनिक पांडुलिपियाँ

अगर आदमी की भावनाएँ, अनुभव इत्यादि सिर्फ नृवंशात्मक तत्त्व नहीं हैं और मूलतः अपने होने के सत्तामूलक (आंटोलॉजीकल) स्वीकार हैं, और अगर उनकी हस्ती इसलिए स्वीकार की जाती है कि उनकी 'वस्तु' उनके लिए एक ऐंद्रिक वस्तु की तरह अस्तित्वमान है, तब यह स्पष्ट है कि :

(1) उनके (भावनाएँ, आदमी की हस्ती आदि) अपने होने का एक ही तरीका नहीं है।...उनके लिए कोई वस्तु किस तरह से मौजूद है, इससे तय होता है कि उस वस्तु के होने का तरीका क्या 'तोष' कारक है!

(2) जहाँ-जहाँ ऐंद्रिक अस्तित्व अपने आप में वस्तु का अस्वीकार बन उठता है। (जैसाकि खानपान में, काम करने में) तो यह नई वस्तु का ही स्वीकार है।

(3) जहाँ तक आदमी और इस तरह उसकी भावनाएँ आदि भी, 'मानवीय' हैं, वहाँ तक उस 'वस्तु' का स्वीकार उसका 'तोष' भी है।

(4) विपरीत उद्योग द्वारा यानी निजी संपत्ति के जरिए—मानवीय भावों का सत्तामूलक सार अपने समग्र रूप में, उसके मानवीय रूप में अस्तित्व में आता है। इस तरह मानव विज्ञान मानव के व्यावहारिक कर्म का परिणाम है।

(5) निजी सम्पत्ति का अर्थ—उसके अजनबीपन से अलग-अलग आदमी के लिए सारभूत वस्तुओं का होना है। वे आनन्दकारी भी होती हैं। वे कार्यकारी भी होती हैं।

निजी पूँजी का स्वामित्व रखते हुए। हर चीज को खरीदते हुए, हर चीज को हस्तगत करने में सक्षम निजी संपत्ति पर अधिकार रखते हुए। अंततः धन वह वस्तु होती है जो सर्वाधिक अधिग्रहण की चीज होती है। पूँजी का सार्वभौमीकरण उसका सार्वजनिक, सार्वकालिक होना उसके वैसा होने का प्रमाण है...(पृ. 12.7. 128) आगे मार्क्स गोइठे और फिर शेक्सपियर के हवालों से 'धन' की लीला के बारे में विस्तार से बात करते हैं। ये हिस्से अद्भुत वर्णनात्मक और प्रतिबिंबात्मक हैं।

शेक्सपियर के 'टिमॉन ऑफ स्पेन्स' के एक टुकड़े का सार कहते हुए वे लिखते हैं :

"अगर धन मुझे मानवीय जीवन से जोड़ता है, समाज को जोड़ता है, प्रकृति और मनुष्य से जोड़ता है, तब क्या पैसा सब संबंधों का धन नहीं? क्या यह सभी संबंधों को एक ही साथ जोड़ता और तोड़ता नहीं है? तब क्या यह विभाजन का सार्वभौमिक एजेण्ट नहीं है, वह सिक्का ही है जो विभक्त करता है और जो वास्तविक जोड़ने वाला भी है—यही समाज की रसायनी शक्ति है..."(पृ. 130)

1844 की इकनॉमिक एंड फिलोसॉफिकल पांडुलिपियों में मार्क्स ने पूँजी और अलगाव पर—श्रम के चौतरफा अलगाव पर—विस्तार से लिखा है, अजनबीपन के लिए उनकी पांडुलिपियों के अंग्रेज़ी अनुवादों ने 'एस्ट्रेंजमेंट' शब्द रखा है : 'एस्ट्रेंज्ड लेबर'। 'अजनबी श्रम'। यह विश्लेषण अद्भुत है और इन दिनों उसे फिर पढ़ा जाना चाहिए। 'कम्युनिस्ट मैनिफ़ेस्टो तथा 1844 की पांडुलिपियाँ, इस लेखक के

अनुसार इन दिनों अनिवार्य पठनीय किताबें हैं। पूँजी एवं पूँजीवाद को समझने के लिए। तब मार्क्स के एजेंडे पर उनका समाज, पूँजी और पूँजीवाद था। वह आज भी है और ज़्यादा क्रांतिकारी ज़्यादा दुर्दांत है। इसलिए नए पूँजीवाद को समझने के लिए एक बार फिर इन दोनों ग्रंथों को पढ़ा जाना चाहिए। अजनबीपन, संभवतः वह छूट गया शून्य है, जिसे मार्क्स ने भरा, बाद में उसे खाली छोड़ दिया गया। कारण वही कि समाजवाद में तो वह 'अजनबीपन' संभव ही न था। मानव की नई मूरत गढ़ने के लिए 'अजनबीपन' के कारकों पर विचार करना छोड़ दिया गया। इसे पूँजीवादी रोग भर माना जबकि पैसे और वस्तुओं से सबसे ज़्यादा अजनबीपन उन समाजों में भी रहा जहाँ समाजवाद लाया गया।

एक बहुत पुरानी मार्क्सवादी बहस को याद कर लेना चाहिए जो 'न्यू लैफ्ट' ने सातवें दशक में चलाई। इसे मंथली रिव्यू प्रकाशन ने प्रकाशित किया है यह ऑफिसियल कम्युनिस्ट चिंतन में मार्क्सवाद के चलताऊ मशीनी पाठों से अलग मार्क्सवाद को 'अपडेट' करने का एक क्षीण सा यत्न है।

मार्क्स और फ्रायड

'मार्क्स, फ्रायड एंड द क्रिटीक ऑफ एवरीडे लाइफ' (टुवार्ड ए परमानेंट कल्चरल रिवोल्यूशन) (1973), नामक किताब में लेखक ब्रूस ब्राउन ने एक लंबी बहस में 'मार्क्स और फ्रायड' का मेल कराने की कोशिश की है। इस जतन के पीछे लेनिन बाद के कुछ बड़े समाज मनोवैज्ञानिक चिंतकों की चिंताएँ सक्रिय दिखती हैं। राइख, बेतां, अतीला जोजेफ, कारेल टाइग ऐसे उत्तर फ्रायडीय मनोवैज्ञानिक चिंतक रहे जिन्होंने दैनिक जीवन में मनोविश्लेषण के रैडीकल प्रयोग किए और उसे एक आम क्रांतिकारी सामाजिक प्रक्रिया का हिस्सा बनाने के प्रयत्न किए (वही, पृ. 40)। आदमी के मानसिक जीवन और समाज में उसके व्यक्तित्व के विकास के बीच उन्होंने एक गतिपूर्ण विज्ञान को देखा और इस तरह वे मनोविश्लेषण को फ्रायडीय क्लिनिकल लेबोरेट्री से समाज की लेबोरेट्री में ले आए। यदि हम मुक्तिबोध की 'अँधेरे में' के मनोविक्षिप्त नायक को समाज के मध्य वर्ग के विभक्त मनुष्य का एक प्रतिनिधि चरित्र मानें तो हमें यह बहस हिंदी के तमाम 'एबनार्मल मनोविज्ञान' से जुड़ी नज़र आएगी और वह क्रांतिकारी सामाजिक प्रक्रिया को किंचित मजबूत ही करेगी जबकि कॉडवेल और उसके बाद के मार्क्सवादी चिंतकों ने फ्रायडीय मनोविश्लेषण को एक पूँजीवादी व्यक्तिवादी प्रकार्य मानकर छोड़ दिया तथा विक्षिप्तावस्था को 'आधार और अधिरचना' के गणितीय प्रमेय की चक्की में पीस डाला।

उक्त विद्वानों ने अपने-अपने शोधों से अनेक उपयोगी नतीजे निकाले। इन सबके समुच्चय को ब्रूस ब्राउन के शब्दों में 'इन लोगों ने माना कि आदमी के न्यूरोटिक होने के लक्षण रोजमर्रा की जिंदगी तथा सपनों की तर्कहीनताओं के भी सामाजिक अर्थ हैं—यदि हम आदमी के सचेतन व्यवहार को उसकी अचेतन मनोस्थितियों से जोड़कर देखें। सचेतन व्यवहार और अचेतन व्यवहार के बीच यह संबंध एक प्रकार का संघर्षात्मक (कान्फ्लिक्चुयूल) होता है। फ्रायड ने किसी हद तक इसे पहचाना था कि आदमी के सभी व्यवहारों की जड़ यही संघर्ष है और इसीलिए ये सोद्देश्य होते हैं। यही हीगेल का 'चतुर तर्क' है जो आदमी के चित्त में होता है जो उसके व्यवहार को योजित, निर्देशित, सेंसरित करता है और उसे अक्सर धोखा देता रहता है...(वही, पृ. 41)

एक रैडीकल 'कला इतिहास' लिखने वाले आर्नल्ड हाउसर ने लिखा है कि वृत्तियों की क्रीड़ा का शरीर वैज्ञानिक यथार्थ फ्रायड के मत में ऐतिहासिक भौतिकवाद में उत्पादन की आर्थिक प्रणालियों की तरह समझा जा सकता है...(वही, पृ. 41)

समाजवाद में निजी संपत्ति आदि के खात्मे की बातों पर फ्रायड का मानना था कि निजी संपत्ति के समापन के ज़रिए हम मानव को उस आक्रामकता से उसे वंचित करते हैं जो उसके लिए एक्शन का औजार है जो बहुत ताकतवर है (भले सबसे ज़्यादा ताकतवर नहीं)...आक्रामकता संपित्त द्वारा सृजित नहीं हुई यह आदिकालीन (ग़ैर संपत्ति वाले) समाजों में भी, असीम रूप में रही। यह सब संबंधों का निर्माण करती है। यदि हम भौतिक वस्तुओं पर निजी स्वामित्व को खत्म कर देते हैं तो भी यह तत्त्व यौनतामूलक संबंधों का परमाधिकार है जिसकी वजह से अन्यथा समान लोग भी एक-दूसरे को नापसंद कर सकते हैं और हिंसक हो सकते हैं। (वही, पृ. 44)

इस तरह की प्रक्रिया में मनोविश्लेषण मौजूदा समाज की विचारधारा बन गई है। विल्हेल्म राइख ने 1937 में लिखा कि एक वक़्त में मनोविश्लेषण जिंदगी की जड़ों तक जाता था। (वही, पृ. 47) राइख वामपंथी मनोविश्लेषक रहे। उन्होंने फ़ासीवादी जर्मनी के निर्माण में 'कामेच्छा' (लिबिडो) के दमन और उसकी मुक्ति के प्रश्नों को समाज की आजादियों से जोड़ा। राइख का मानना रहा कि अगर मनोविश्लेषण सामाजिक उपादेयता खो बैठा तो इसका कारण उसका असमय अवसान था। (वही, पृ. 47) फ्रायड के मनोविश्लेषण को लेकर रैडीकल वामपंथियों ने उससे सीधे नीबू निचोड़ मार्का सामाजिक उपादेयता की माँग की जबकि रूढ़िवादी बुर्जुआ चिंतकों ने उसे और संकीर्ण बना दिया। राइख ने मनोविश्लेषण के व्यक्तिगत उपचार

पर बराबर सवाल उठाए। (वही, पृ. 47) सुख के तमाम प्रश्न समाज के प्रश्न हैं। सिर्फ व्यक्तिगत नहीं। राइख ने कहा : अचेतन, अवचेतन अपने आप में चरम परम नहीं है लेकिन स्थिर हो जाने से वे 'चरम' लगते हैं। (वही, पृ. 47) यहीं राइख ने बताया कि यौनता का दमन सभ्यता के अपने विकास के लिए उतना नहीं था जितना कि वह सभ्यता को बनाए रखने के लिए ज़रूरी मनोवैज्ञानिक वातावरण बनाने की ख़ातिर रहा ताकि वर्ग वर्चस्व बना रहे। (वही, पृ. 48) कामेच्छा और यौनता का दमन वर्चस्वकारी वर्ग के लिए जनता को एक मनोसंरचना में नियुक्त करने का दूसरा तरीका है जो सत्ता के आर्थिक ढाँचे से जुड़ा होता है। (इसे हम आज के उपभोक्तावादी दौर में सुख संचय उपभोग आदि को बढ़ाने के लिए कामेच्छाओं को मुक्त करने की युक्तियों में देख सकते हैं।) यह एक नियमनकारी कार्य होता है क्योंकि इसके बरक्स तत्त्ववादी नैतिकता को भी बने रहने दिया जाता है।

मार्क्सवादी 'आधार और अधिरचना' के सूत्र में अधिरचना के अनेक जटिल स्तरों में आदमी की मानसिकता का तत्त्व कहीं 'अंतर्निहित' मान लिया गया। 'आधार अधिरचना' की द्वंद्वात्मकता का जो अतिनिश्चयवाद था वह ज़्यादा मुखर था। (वही, पृ. 70)

मार्क्स ने मानवेच्छा (विल पावर) की बात को स्वीकार किया है मगर ब्रूस ब्राउन कहते हैं कि मार्क्स की कामना (डिजायर) और मन की भीतरी वृत्तियों की प्रक्रिया पर पकड़ नहीं थी। यद्यपि मार्क्स जब समाज की संरचनाओं की बात करते थे तो प्रकारांतर से मानवीय कामेच्छा और मनोप्रभावों की भी बात करते थे। (पृ. 71-72) यह बात हैबरमास ने पहचानी कि मार्क्स ये मानकर चले कि मनुष्य अन्य जीवों के मुकाबले अपने विकास की प्रक्रिया में अपने जीवनयापन के साधन पैदा करता है। वे मनुष्य को एक औजार बनाने वाला प्राणी ज़्यादा समझते थे। (वही, पृ. 72) फ्रायड इसके उल्टा चले। तो भी उनके मनोविश्लेषण में अंततः सामाजिक और प्राकृतिक संस्थान सक्रिय नजर आते हैं। (वही, पृ. 73) बाद में न्यू लेफ्ट के चिंतक हर्बट मारकुस ने उस दिशा में काम किया। उन्होंने अपने अध्ययन 'फ्रीडम एंड फ्रायडीय थियरी ऑफ इंस्टिक्ट्स' (1970), में 'ज़रूरत-श्रम-संतोष' वाले उपभोक्तावादी तत्त्वों के नज़रिए से मनुष्य की प्रवृत्तियों के इतिहास का अध्ययन किया और बताया कि मनोविज्ञान और राजनीतिक अर्थशास्त्र अलग-अलग नहीं रहते। उन तीन तत्त्वों के बीच मनो-सामाजिक द्वंद्वात्मकता चलती है। (वही, पृ. 75) 'ईरोस एंड सिविलाइजेशन' नामक मारकुस का अध्ययन बड़ा उपयोगी माना गया जो मनोविश्लेषण के 'सामाजिक' को स्थापित करता था।

मारकुस ने माना कि पहला तत्त्व यह है कि यौनता का दमनात्मक संशोधन आदमी को एक 'निरानंद' किंतु सामाजिक रूप से उपयोगी श्रम के लिए आजाद करता है।

दूसरा यह कि यदि यह श्रम जीवन का पर्याय बना दिया गया है तो आदमी को 'संतोष' की जगह 'संतोष की दिशा' में लगा देता है।

तीसरा यह कि इस क्रम में सभ्यता स्वयं को हर बार विस्तारित ढंग से पुनरुत्पादित करती है।

चौथा तत्त्व यह है कि श्रम की बढ़ती उत्पादकता आनंद की संभावनाओं को बढ़ाती है और इस तरह 'आनंद' और श्रम एवं समय और मुक्त समय के बीच सामाजिक रूप से निश्चित संबंधों में उलटफेर संभव है। यहीं मारकुस ने अतिरिक्त दमन (सरप्लस रिप्रेसन) का सिद्धांत पेश किया। बाद में हैबरमास ने मारकुस से मतभेद रखकर भी उनकी इस मान्यता पर धनात्मक विचार किया। उनके मनो-सामाजिक अध्ययन को आगे बढ़ाया और बताया कि मनुष्य के अवचेतन की गतियाँ मुख्यतः द्वंद्वात्मक होती हैं। कहीं वे 'भाषा वैज्ञानिक असफलता' या कहीं वे 'विकृत संप्रेषण' (यथा स्वप्न, फ्रायडीय स्लिप्स, आदि) में प्रकट होती हैं। (वही, पृ. 82)। इस संदर्भ में मनोविश्लेषण और यौनता 'राजनीति' की पुनर्व्याख्या करती हैं, ऐसे संकेत राख ने अपने अध्ययनों में दिए हैं। उन्होंने अपने दो प्रख्यात लेखों (1930) 'द सैक्सुअल स्ट्रगल ऑफ यूथ' तथा 'व्हाट इज क्लास कांशसनैस' में अपनी मनोसामाजिकी का विकास किया। (देखिए, वही, पॉलिटिक्स रिडिफाइंड, पृ. 136-137)। नौकरशाही पूँजीवाद के तब के विकास के बरक्स इन्हीं रास्तों से न्यू लेफ्ट ने समाज व छोटे समूहों की स्वतःस्फूर्तता को पहचानने पर जोर दिया। बताया कि पूँजीवाद में 'आत्म' (सैल्फ) 'गहन समस्यात्मक' है। (देखा गया है कि समाजवाद के आ जाने से उसका 'सेल्फ' रूपांतरित नहीं हो जाता बल्कि गहन समस्यामूलक हो जाता है—सु.प.) समाज का हर व्यक्ति अपनी पहचान से बेगाना है। 'आत्म' की परंपरागत संपूर्णता संभव नहीं रही। समाज का हर व्यक्ति, परिवार या घर या काम या खाली वक्त में, उपभोग में या राजनीति आदि में अपने आप को पहचानने में असमर्थ है। सब अनुभव बुरी तरह विभक्त हैं। वे यथार्थ के बोध से और भी दूर जा पड़े हैं। रचनात्मक व्यवहार से और भी पराये है। (वही, पृ. 178)

मार्क्स की 1844 की आर्थिक-दार्शनिक पांडुलिपियों की याद आती है। हम न्यू लेफ्ट के इन क्रांतिकारी निष्कर्षों को नए पूँजीवाद में 'नौकरशाही पूँजीवाद' की

जगह 'तकनीकी संचालित पूँजीवाद' को रखकर देख सकते हैं। जो 'परायापन' उस पूँजीवादी दौर में आया वह बहुस्तरीय, बहुजटिल होकर अब आया है। 1970 में 'ब्रूस ब्राउन' जो कह रहे हैं उसे 2005-06 में नए अनुभव, नए सिरे से कहने-समझने की जरूरत है। आप उन उदाहरणों से आज के बहुत से लक्षणों तक पहुँच सकते हैं। आज अस्तित्वमूलक, छोटे-छोटे दबाव समूहों का होना एक लक्षण है तो दूसरा नौकरशाही पूँजीवाद की जगह उच्च तकनीक संचालित, तरल वित्तीय पूँजी द्वारा नियंत्रित पूँजी को उपभोगवादी बढ़तों की कामना, लिबिडो से जोड़- कर देखा जा सकता है।

मार्क्स ने 1844 में जिस परायेपन या अजनबीपन (एस्ट्रेंजमेण्ट) की बात श्रम व पूँजी के नए-नए संबंधों को बताते हुए कही थी, वह आज अधिक संगत जान पड़ती है। इस परायेपन से मुक्ति के रास्तों पर 1970 में स्वयं ब्रूस ब्राउन ने विचार करते हुए कहा कि—परायेपन से लड़ने के लिए नई परिस्थितियों में एक अंतर्मानवीय वातावरण बनाए रखना होगा जो सामाजिक उद्‌देश्य और व्यक्तिगत ज़रूरतों के बीच की जटिलताओं को देख सके। इसे ब्रूस ब्राउन स्वयं 'उपचारात्मक' (थिरैप्यूटिक) वातावरण कहते हैं। (पृ. 180) आत्म और श्रम के बीच के परायेपन की अनंत खाइयों को पाटने के तरीकों में से एक यह हो सकता है कि आत्म और उसकी ज़रूरतों की निजी दुनिया—कामना, स्वप्न के तनावों—पर नजर रखी जाए तथा भावनात्मक एवं सौंदर्यशास्त्रीय, मानव संबंधी नए प्रकार के तौर-तरीके तलाशे जाएँ। ऐसे समूहों के बीच एक नए किस्म का 'फ्री' स्पेस हो सकता है जो पराये आत्म के मनोविकास के लिए ज़रूरी है। इससे यह बोध पैदा हो सकता है कि जिन अनुभवों को बच्चा 'परम' समझकर बड़ा होता है और मानता है कि उनके निर्माण में सामाजिक संरचनाओं की कोई भूमिका नहीं होती, वे सामाजिक संरचनाएँ नहीं होतीं—वह भी जाने कि यह परम 'निजता' सामाजिक ही है। (वही, पृ. 180)

यहाँ से हम बहुत संक्षेप में 1844 की पांडुलिपियों के 'परायेपन, अजनबीपन, निर्वासन' के एक संदर्भ पर चर्चा करना चाहेंगे। क्योंकि 1844 की पांडुलिपियों के परायेपन वाले अंश ऐसे प्रथम जबर्दस्त मौलिक अंश हैं जो आज के पूँजीवाद में 'व्यक्ति की सत्ता' में सक्रिय होते हैं। यद्यपि अब वे बेहद सघन और जटिल होकर ही सामने आते हैं।

मार्क्स 'पराये श्रम' या अजनबी श्रम को (एस्ट्रेंज्ड लेबर) (1844 की आर्थिक-दार्शनिक, पांडुलिपियाँ, पाँचवाँ संस्करण, 1977, प्रोग्रेस प्रिंटर्स, मास्को)

वास्तविक आर्थिक तथ्य से जोड़कर देखते हैं। (वही, पृ. 67) राजनीतिक अर्थशास्त्र यानी पूँजीवादी अर्थशास्त्र श्रम के इस परायेपन के 'होने' को छिपाता है। श्रमिक (यहाँ बौद्धिक मुक्ति भी शामिल है) और उसके उत्पाद के बीच वह कोई परायायन नहीं देखता।

मार्क्स के अनुसार श्रमिक का अजनबीपन अपने ही श्रम के उत्पाद के साथ उसकी संबंधहीनता में नज़र आता है। जो वह पैदा करता है वही उत्पाद उससे पराया होता है। ऐसे में श्रमिक अपने को अपने काम से बेगाना समझता है। वह उनसे 'बाहर' होता है। इस तरह वह 'उदरम्भरि' क्रियाओं में ही अपने को आजाद समझता है। यह परायापन अपने अगले चरण में पहुँचकर अपने काम से भी बेगाना होता जाता है। वह ऐसे काम में स्वयं को पाता है जो उसका अपना नहीं होता। यह 'आत्म निर्वासन' होता है वस्तु (उत्पाद) से अजनबी, अगले चरण में अपने काम (श्रम) से अजनबी बन उठता है। सबसे बेगाना हो उठता है और अंततः अपने देह से पराया हो जाता है। वह अपने मन से पराया हो जाता है। इस तरह मनुष्य अपने श्रम के उत्पाद, अपने कामधाम, अपने मानवीय होने के अनुभव से पराया हो जाता है। ऐसे में जब भी आदमी अपने सामने होता है, वह वस्तुतः किसी अन्य के सामने होता है। (विस्तार से देखिए, वही, पृ. 75)

मार्क्स पूछते हैं कि अगर यह मेरा उत्पाद, मेरा श्रम, मेरी देह, मेरा अस्तित्व मेरा नहीं तो किसका है? ईश्वर का? पूँजी का? मार्क्स कहते हैं कि निजी पूँजी अजनबी श्रम की प्रक्रिया और अजनबी मानव का निर्माण करने वाली होती है। (वही, पृ. 75) निर्माण वस्तुओं की दुनिया का अजनबियत का निर्माण है।

मार्क्स का सूत्र कहता है कि निजी पूँजी अजनबियत का उत्पादन करती है। समाजवाद के ताजे दिनों में इसे ठीक करने का एक सरल सा सूत्र यह बनाया गया कि यदि निजी पूँजी के निजी स्वामित्व को ख़त्म कर दिया जाए तो अजनबियत ख़त्म हो जाएगी। समाजवादी क्रांतियों में ऐसे प्रयोग किए गए मगर अंततः पूँजी और उसकी अजनबियत की जबरदस्त ताकत पूँजी के निजी स्वामित्व की ओर लौटाकर ले जाती रही। समाजवादी देशों के पतन का एक बड़ा कारण यह रहा। पूर्व समाजवादी देशों में आज यही हो रहा है।

इसका अर्थ यही है कि यह 'बुर्जुआ इपॉक' है, युग है, और सत्ता बदलने मात्र से युग नहीं बदल सकते। पूँजी की अजनबियत की रचनात्मक भूमिका को तुरंत ख़त्म नहीं कर सकते हैं। यहाँ हम 'मैनिफ़ेस्टो' के बुर्जुआ के क्रांतिकारी लक्षणों और पूँजीवाद के अजनबियत के रचनात्मक लक्षणों को संग-संग पढ़ सकते हैं।

मुक्तिबोध याद आते हैं

हठात्! लिखने के इस मुकाम पर मुक्तिबोध याद आते हैं। वे लेख के शुरू में भी याद आए हैं! क्यों?

क्योंकि पूँजी के अजनबीपन के निर्माण की कुछ परतों को वे देखते दिखाते हैं और तुरंत उपचार नहीं बताते। 'अँधेरे में' का उनका नायक आरंभ से ही अपने अजनबीपन को खत्म करना चाहता है। वह नहीं होता। प्रसंगवश कह दें कि 'कविता के नए प्रतिमान' के दूसरे संस्करण की भूमिका में नामवर सिंह ने दो-चार कदम ठिठककर मुक्तिबोध के नायक को मार्क्स के 1844 के अजनबी श्रम से जोड़कर देखा लेकिन वहाँ से आगे वे अस्मिता या स्वत्व की तलाश के आर्थिक-दार्शनिक आशयों को नहीं दे सके। उनका मनोरथ भी तब यही नहीं था। अपने ऊपर हुए वैचारिक, ख़ासकर मार्क्सवादियों के हमलों का जवाब देना था। यह एक आधा-अधूरा जवाब रहा जो 'अँधेरे में' की उनकी व्याख्या से इसलिए नहीं निभा था कि वे मनोविश्लेषण के नव फ्रायडीय वामपंथी विचारों से मुक्तिबोध के नायक को जोड़कर नहीं देख सके। वे तो अभिव्यक्ति के ख़तरे पर लट्टू हो उठे और यारों ने उसे सिर्फ एक प्रतिपक्षी वाक्य भर मान लिया। क्योंकि नव्यालोचना पद्धति कृति के आशय को कृतिकार के आशय तक ही महदूद करती थी। यह नामवर की अपनी 'लिमिट' रही। उधर रामविलास जी ने नयी कविता में अस्तित्ववादी लक्षणों और मुक्तिबोध में मनोविक्षेप को देखते ही क्रांतिकारी कुल्हाड़ा चलाकर पूँजीवाद में अजनबीपन और संस्कृति के प्रश्नों को अनदेखा कर दिया। (देखिए, नई कविता और अस्तित्ववाद)।

मुक्तिबोध के अधिकांश काव्यनायक, कथानायक घोषित अजनबी हैं--अपने श्रम से, अपनी रचना से, अपने अस्तित्व से, और उनकी सारी छटपटाहट इस अजनबीपन से मुक्ति पाने की है। मगर वह सीधी दो दुनी चार मार्का नहीं है। मुक्तिबोध के नायक का होना बताता है कि आप पूँजी के अजनबीपन के निर्माण की ताकत को यों ही नहीं टाल सकते। एक बहुत-बहुत लंबा संघर्ष बाकी रहता है। इससे ब्रूस ब्राउन के फ्री स्पेस को जोड़िए। ब्रूस ब्राउन वाला फ्री स्पेस भी अजनबीपन से भरा हो सकता है। मगर यहाँ से निजी और निजी के बीच के फासले कम किए जा सकते हैं। यह फ्री स्पेस भी इस तरह तनाव भरा है कि कोई भी फ्री स्पेस न 'फ्री' है न अपना है।

इसीलिए लेख के शुरू में—वस्तुतः इस लेख को लिखने के आरंभिक क्षण

में—यह सवाल कौंधा कि यह समय भी किसका समय है? यह आध्यात्मिक सवाल बनकर नहीं आया। यह भौतिक सवाल बनकर आया और लगा कि कम-से-कम यह तो कहा जाना चाहिए कि यह समय मेरा या अपना नहीं हैं। किसी अन्य का है। 'दुश्मन' अजनबी विराट विपुल पूँजी का है जो श्रम ने, उसके शोषण ने बनाई है। यह श्रम का निचाट बेगानापन है, और इसी में जीना है। इसी में कोई एक फ्री स्पेस खोजना है।

'एक भूतपूर्व विद्रोही का आत्मकथन' नामक कविता में मुक्तिबोध लिखते हैं :

मेरे साथ
खँडहर में दबी हुई अन्य धुकधुकियो,
सोचो तो
कि स्पंद अब...
पीड़ा भरा उत्तरदायित्व भार हो चला,
कोशिश करो,
कोशिश करो,
जीने की,
ज़मीन में गड़कर भी!

(मुक्तिबोध रचनावली, जिल्द-2, पृ. 151)

पूँजी के अपने समूचे मदमत्त रूप के बावजूद मार्क्स का यह कथन आज भी सच है कि पूँजीवाद अपने अंतर्विरोधों से ग्रस्त है और अब तो उसने अपने कुछ अंतर्विरोधों को सुलझाने (श्रम-पूँजी के संबंध को तकनीक से नरम करने आदि) के साथ नए अनचीन्हे संकट और अंतर्विरोधों को जन्म दिया है। वहाँ स्वयं एक ऐसा वर्ग आ गया है जो पूँजीवादी होते हुए भी उसके लिए भी 'ख़तरनाक' है। इससे पूँजीवाद को भी (जब तक वह सीमित सक्षम है और जब तक उसके नए विकल्प नहीं बनने लगते तब तक) बचाना होगा। पूँजीपतियों से ही पूँजीवाद को बचाना होगा। इस बात को अंतर्राष्ट्रीय मानीटरी फण्ड के भारत मूल के सबसे युवा प्रमुख अर्थशास्त्री रामानुज राव ने कहा है। (देखिए, वाक द टॉक, एनडीटीवी कार्यक्रम, शेखर गुप्ता, इंडियन एक्सप्रेस, 1 फरवरी, 2005 प्रकाशित)।

मार्क्सवाद और उत्तर-आधुनिकता के बीच

उत्तर-आधुनिकता ने जिस आकस्मिकता में हिंदी रचनाकारों, विचारकों को पकड़ा उसके कॉमिक दृश्य अब तमाशे बन चुके हैं। यह लेखक इन कॉमिक दृश्यों को, बनते छोटे-बड़े तमाशों को बराबर लिखता, दर्ज़ करता रहा है। यथास्थान उनका विखंडन-मुंडन भी करता रहा है, हिंदी के पाठक इन दृश्यों से परिचित हैं, अब तो इन तमाशों पर हँसने तक लगे हैं। तमाशेबाजों को तमाशे जितना गंभीरता से लिया जाता है। हिंदी के महान महानतर, सब अपनी क्षुद्रताओं के साथ नजर आएँ, उनके बड़े, महान, वृत्तांत देखने कहने की कमजोरी सबको दिखे और वे अपने पुराने जर्जर वृत्तांतों के साथ अपने ही खड्डों में गिरें इसकी अब कोई प्रतीक्षा भी नहीं करता है। इस लेखक को इतना संतोष है कि जिस विमर्श को उसने अपने समय को समझने के लिए चुना वह बहुत से दंभी प्रतिकारों के, आक्षेपों के बावजूद एकमात्र और कारगर औजार रहा।

पिछले दस-पंद्रह साल में, हिंदी में उत्तर-आधुनिकता और उसके 'वाद' को लेकर अनेक प्रकार की प्रतिक्रियाएँ, नकल (जो स्वयं उत्तर-आधुनिकता का एक लक्षण है), सड़ी हुई विडम्बनामूलक लाइनें, फिर अचानक स्वयं को असंगत समझ संगत होने के लिए उत्तर आधुनिकता की पंगत में बैठने की दीन ललक लेखकीय दुनिया में देखी गई है। इस सबके दौरान उत्तर-आधुनिकता और उसका वाद सांस्थानिक होता गया है, संस्थागत होता गया है यानी आधुनिक संस्थानों द्वारा अध्ययन योग्य विषय बनाया जाने लगा है और हिंदी की नई पीढ़ी में वह पदावली अब 'इनथिंग' होने लगी है। विश्वविद्यालय विविध समाजशास्त्रीय क्षेत्रों एवं साहित्यिक क्षेत्रों में शोध आदि कराने लगा है। हिंदी में तो यह एक नया चमकदार शोध-विषय चकाचौंध पैदा करने वाला रहा है। पुरानेपन, पुरानों के जर्जरपन से थक गए पढ़े-लिखे हिंदी समाज में

नए-से-नए की ललक बढ़ी है और इस तरह उत्तर-आधुनिकता की पदावली एक अनिवार्य उल्लेख बनने लगी है। ज्ञान के विकसित क्षेत्रों में, मीडिया में सर्वत्र यह पदावली अब आती-जाती रहती है, यदि इन पंद्रह सालों बाद भी कोई हिंदी वाला चौंकता है या उनमें घपला करता है तो आप उसे ज्ञानी तो नहीं कहना चाहेंगे। हिंदी समाज के खिसियाते, पीछे रह जाने, हेकड़ी भरने के पीछे एक बड़ा कारण उसकी गतिहीनता है। हिन्दी के विद्वानों में वह पर्याप्त मात्रा में सुरक्षित है, लेकिन देखते-देखते हुआ यह है कि रोजमर्रा का अपना जीवन, अपने दैनिक संघर्षों, तनावों में जीने वाली जनता का विमर्श विद्वानों के विमर्शों से अलग-थलग आ पड़ा है। नई पूँजी, नए बाज़ार, नए उपभोक्ता साधनों ने उसके अभाव, गंदगी भरे जीवन और ऊब को थोड़ा खिसकाने का रास्ता सुझाया। सरकार की नीतियों के नीचे तक पहुँचने के इंतजार में, भरोसे में ज़नता ने यकीन करना सड़सठ के आसपास ही छोड़ दिया था। पिछले पंद्रह साल में यह भरोसा अपने-अपने राजनीतिक विमर्शों को जगह दे चुका है जिसमें कामना का और सत्तामूलक विमर्शों का संसार बना है। यह हिंदी क्षेत्रों में ही नहीं हुआ, अन्य क्षेत्रों में भी हुआ है। जनता में फ्री मार्केट के नए अवसर और पब्लिक सैक्टरी, कल्याणकारी राज्य की सुरक्षा के बीच फँसी है। पिछले पंद्रह सालों में यही हाल लेखकों के संकल्प व्यवहार (जीवन जीने और लिखने-पढ़ने) में प्रतिबिंबित भी हो रहा है। जनता अपनी फाँक को 'जीवन दशाओं', अनुभवों (लिविंग कंडीशन एवं एक्सपीरियेंसेज) में रोजाना नेगोशिएट करती है और तमाम छोटे-छोटे हित समूहों में नए सिरे से संगठित हो कर या प्रतिबिंबित होकर नयी ग्लोबल पूँजी के अनिवार्य आकर्षक और स्थानीय जीवन की जड़ता के मोह-अनमोह के बीच अनंत तनावों, लोभों, सरल हलों की ओर जाती है।

हिंदी लेखक लेकिन अपने लिखने-पढ़ने में अभी भी वहीं किसी स्वदेश, किसी कल्याणकारी राज्यसत्ता, किसी किस्म के सोवियत समाजवाद की फ्री की गारंटी का अपने प्रस्थान बिंदु मानता हुआ लिखता है। प्रस्थापनाएँ, प्रस्थान बिंदुओं का यह सिर्फ हिलना नहीं है यह उनका 'गिरना' है, 'कलेप्स' है खत्म होना है। असंगत होना है। यह स्वाभाविक है क्योंकि यहाँ लेखक भी हिंदी का है और हिंदी जगत को बेहतर समझता है, उसमें रहता है। यों इसे अन्य भाषाओं के भीतर भी देखा जा सकता है। इसके प्रचुर प्रमाण खोजने पर स्वयं इस लेखक को मिले हैं। अभी तक के उन महान सुरक्षाओं, महान वृत्तांतों, महान पक्के, संपूर्ण से दिखने वाले समाजवादी मुक्ति के सपनों को भरोसे योग्य मानकर (चाहे अवसरवादी तरीके से ही सही) चलता है उसकी रचना प्रक्रिया या चिंतन प्रक्रिया में नई पूँजी और उसकी विश्व-व्यापी लीला का गहन

संज्ञान उसके ऐतिहासिक रूप में 'सच' होने का गहरा पीड़ामय विक्षुब्धकारी बोध भी नहीं दिखता और न अपने धराशायी स्वप्नों के प्रति वही अंध आस्था, पक्कापन नहीं दिखता, जिसे, यदि वह सचमुच का क्रांतिकारी होता, उत्तम कोटि का मार्क्सवादी होता तो दिखना चाहिए था, जो कौडवेल की तरह जनतंत्र की सरहद पर बंदूकों से लड़ते हुए फ़ासिस्ट दुश्मन की तोप से उड़ गया। छोड़िए ऐसा कमिटमेंट, ऐसा समर्पण और वह तो अब अपने लेखन में सोवियत लेखकों, रूसी लेखकों, क्रांतिकारी चीनी लेखकों, वियतनाम, क्यूबा आदि का नाम तक लेना भूल गया है। यदि कभी नाम ज़ुबान पर आता है तो अतीत के चलचित्र की तरह। गोर्की, चेखव, चर्नीशेवस्की क्या पिछले उत्तर सोवियत हिंदी लेखन में कहीं दिखे हैं। जनाब उनकी पुस्तकें रद्दी में जा चुकी हैं। जूलियस फ्यूचिक का नाम कहीं है? चे ग्वेवारा कहीं आते हैं? वे कभी-कभार अख़बारों में आते हैं स्वयमेव जब कोई डायरी, कोई क्लासीफाइड दस्तावेज सत्ता रिलीज करती है वरना सब धुल-पुँछ गया है। यह एक मनोवैज्ञानिक विक्षेप है, स्मृति-भ्रंश है। सोवियत के गिरते ही सब खत्म है।

तो भी जब इस लेखक ने नए पूँजीवाद के सांस्कृतिक तर्क उत्तर-आधुनिकवाद और उसकी साक्षात् दशाओं पर कुछ लिखा तो वे नाराज होकर चिढ़ने लगे। बहस करने की जगह 'अमेरिकी एजेंट' कहने लगे। अमेरिकी लाइन वाला कहने लगे। पश्चिमी पूँजीवादी विचारों को लाने वाला कहने लगे। तरह-तरह के आरोप, आक्रमण हुए। वैचारिक स्तर का एक भी आक्रमण नहीं हुआ। हिंदी का सबसे ज़्यादा बोलने वाला एक पढ़ा-लिखा सा दिखने वाला आलोचक ही नहीं, जो सोचने-समझने में पिद्दी भी नहीं रहे, वे तक कबड्डी देने लगे। वे इस सबको 'साहित्यिक' उपद्रव कहते रहे। जबकि यह लेखक मार्क्सवाद के रास्ते, उसके संकट को, समाजवाद के संकट को समझते-देखते ही पोस्ट-मॉडर्न विमर्शों में गया और वहाँ पाया कि ज़्यादातर विमर्शकार पश्चिम के किसी समय रहे मार्क्सवादी विमर्शकार ही हैं जिन्होंने पूँजी, तकनीक और ज्ञान की नई दशाओं, लीलाओं, समस्याओं, संदर्भों का लगातार गहन अध्ययन किया है। उत्तर-आधुनिक पद उन बदलावों का नाम है जो बहुत तेजी से सर्वत्र घट रहे हैं या घटेंगे। उनके यहाँ यह पद सिर्फ 'साहित्यिक फैशन' चलाने वाला नहीं है। यह बहुत ही 'लोडेड' (अर्थों से भरा हुआ, मूल्य बोध से भरा हुआ) साहित्यिक पद मात्र नहीं, पूँजी और जीवन के बीच नित नए उपद्रवों से उद्भूत एक सक्रिय पद है, पदावली है।

तभी ज्ञात हुआ कि हिंदी में जिसे ज्ञान कहते हैं, वह सच ही जंतर-मंतर से उड़ाने, मार देने की तिकड़म का दूसरा नाम है। आप ज़रा सा कुरेदिए। वे मार्क्स

की 'सरप्लस वैल्यू' के सिद्धांत को तसल्लीबख़्श ढंग से आपको समझा नहीं पाएँगे। (क़ोई हिंदी वाला अब भी हो तो इस लेखक को ख़बर करे, वह उसके चरण को धोकर पूजेगा) और वे तमाम क्रांति की बात करते रहे। उत्तर-आधुनिकता को सिर्फ फिट करते रहे। कंकड़ियाँ इस लेखक पर मारते रहे। इनमें से कइयों को पश्चिमी विचारों की मौलिक चोरी का हक़ हासिल था। जिस तरह तस्कर माफिया चुपके-चुपके से निर्जन समुद्र तटों पर 'माल' उतरवाते हैं, यह भी चुपके-चुपके उतराए करता और जब सुबह 'दुबई का चश्मा' लगाकर निकलता तो कहता कि यह सब तो 'पचा' कर निकाला है। अपना बनाकर दिया है!! इसे कहते हैं चोरी। विचारों की चोरी। चोरी करता था। आटे, नमक, दाल की चोरी लेकिन घर में 'अपना बनाकर' रखता था।

भंइये! साम्यवाद किस 'स्वदेश' की पदावली रही? मार्क्स, ऐंगल्स, लेनिन, माओ, हो ची मिन्ह, चे ग्वेवारा किस उत्तर प्रदेश, मध्य प्रदेश के किस मुहल्ले के रहे? यदि 'मार्क्सवाद' के नाम पर, उत्तर-आधुनिक, भौतिक एवं ज्ञानदशाओं से घबराकर आप इस कदर 'स्वदेशी', 'स्थानवादी', 'मूलवादी' हो उठे और अपनी संभव हास्यास्पद दुर्गत को पहचाने बिना हो उठे तो किसी को भी लगेगा कि आप भी मूलतः किसी समग्रवादी वर्चस्वकारी, एकल, एक्सक्लूसिव तत्त्ववादी विमर्श के ही संस्कारों वाले रहे जिस पर कभी मार्क्सवाद का मुलम्मा चढ़ गया था। 'थियरी' (और इस लेखक के इस 'विमर्श' में 'मार्क्सवादी थियरी' अनिवार्यतया शामिल है) के विकास के बिना आप साँस नहीं ले सकते। यही दृश्य है। क्या अब भी कहने की ज़रूरत है कि हिंदी लेखक की 'प्रतिनिधान' (रिप्रेजेंटेशन) अंतर्निहित क्षमता कमजोर हुई, गिरी है, लुप्त हुई है। वह स्वायत्तता (ऑटोनॉमी) जो कभी प्रेमचंद या उसके बाद के बहुत से दिनों तक शायद, बनी हो या आज़ादी के बाद के अपेक्षाकृत 'स्वातंत्र्यवादी' दिनों में बनी हो, रचना प्रक्रिया की वह अपेक्षित स्वायत्तता की स्थिति किसी रूप में विकसित हुई हो तो हुई हो, अब वह कहाँ है? किसके पास है? कौन लेखक ऐसा है जो मूढ़ या बुद्धि दुर्बल या अवसरवादी हुए बिना दावा कर सके कि सच्चा 'प्रतिनिधान' उसके पास है? वह किसी यथार्थ का किसी विमर्श का पूरा पक्का भरोसे योग्य प्रतिनिधि है और उसकी रचना उसका प्रतिनिधित्व करती है। वह समाज का प्रतिनिधित्व करता है। वह 'मशाल' है?

उत्तर-आधुनिकता ने सबसे पहले जिन कुछ श्रेणियों को समस्यायुक्त किया (जो कल तक पक्की, समस्यामुक्त मानी जाती थीं) वे रचना प्रक्रिया के क्षेत्र की उक्त दोनों श्रेणियाँ ही हैं जिन्हें 'प्रतिनिधान की क्षमता', और 'स्वायत्तता' के होने

के रूप में साहित्य संस्कृति में माना जाता रहा है, जो मूलतः आधुनिकतावादी विमर्शों की बहुत दिनों तक कारगर बनी रही श्रेणियाँ हैं!! लेखकों का लेखन, लेखन में बनाया गया यथार्थ, उसमें दिया गया संदेश, लेखक का अनुभव (या पुरानी पदावली में कहें तो संवेदन इत्यादि) सब 'संदिग्ध' लगते हैं। उसके पास जो अभिप्रेत होता है वह समाज के लिए काफी कुछ गया-गुज़रा, दुहराव भरा, ऊब भरा होता है। लोग उसकी रचना से ज्ञान ग्रहण नहीं करते। वे मीडिया से, जीवन से अपना ज्ञान खुद बनाते हैं, वे लेखक को अपना नायक नहीं मानते। स्वयं हिंदी के लेखक इस बात को जानते हैं तभी तो कहते हैं कि साहित्य की जगह कम हो रही है, साहित्य संकट में है!

'स्वायत्तता' आधुनिकता का एक बहुत बड़ा और निर्णायक मूल्य थी। लेखक उसे अपने इतिहास में अपनी रचना प्रक्रिया में अर्जित करता था। उसके निजी जीवन और रचना के बीच संबंध होते हुए भी दूरी होती थी। यह 'यथार्थ' के रचनात्मक प्रतिनिधान के लिए ज़रूरी था। समाज के विभेदीकरण से, तर्कीकरण से आधुनिकता ने यह एक नया तरीका दिया था जो लेखक को एक प्रकार की 'आब्जैक्टिविटी' देता था जो 'सबका' सत्य जैसा संभव करती थी। यही तो मानवतावाद का तत्त्व आधुनिकता ने दिया। एक सत्य, सबका सत्य, सार्वभौम सत्य, मानवतावादी सत्य। इन तमाम सत्यों को उत्तर-आधुनिकता 'केंद्रवादी', एक केंद्रिक वर्चस्वकारी 'सत्य' कहती है, इन्हें संदिग्ध मानते हैं। वह हर उस महान, सकलता-समग्रतावादी सत्य पर गंभीरता से 'शक़' करती है जो सबकी मुक्ति के लिए दावा करता है। ज्यां फ्रांसुआ ल्योतार इस मामले में मार्क्सवाद को सबसे अंतिम 'सकलतावादी' विमर्श मानते हैं, आधुनिकतावादी विमर्श मानते हैं। राष्ट्रवाद उत्तर-आधुनिकतावादी पदावली में ऐसा ही एक आधुनिकतावादी पद है।

उत्तर-आधुनिक भौतिक ज्ञान दशाओं में दोनों मजबूत से 'पद' संकटग्रस्त हो चुके हैं। इनके संकल्प से किया गया प्रतिनिधान (यानी रचना आलोचना) भी संकट में है, संदिग्ध है। यह संकट हम हर रचनाकार में देख सकते हैं। उसके संकल्पों, उसके विचारों, उसकी रचना और उसके आचरण में देख सकते हैं। उसकी प्रतिबद्धता की गहराई अपने ही संकल्पों के प्रति उसकी ईमानदारी में देख सकते हैं। वह अब एक थकी सी टायर्ड और रिटायर्ड पीढ़ी है। प्रतिबद्धता की जगह अवसरानुकूलता, संघर्ष की जगह समझौतावादी रवैया, सत्य के अनुसंधान की जगह अपनी सत्ता को बनाने, ठीक करने, दूसरे को खिसकाने की चिंता, गंभीर चिंतन मनन कर कुछ नए विचार नए संकल्प तलाशने की जगह दारूबाजी, अड्डेबाजी

उत्तर-आधुनिकता के दबाव को देखकर अवसरानुकूल बन सींग कटा के गोदरेज हेयरडाई से बाल काले करके बछड़ों में शामिल होना, स्त्रीवाद, दलितवाद के प्रति अपने भीतर हमदर्दी और करुणा की पाइप फिट करके दिखाना कि देखो मैं भी साथ-साथ हूँ...आदि अनेक वे दैनिक लक्षण हैं जो नई कविता नई कहानी के सचमुच के आंदोलन के संघर्षकारी दिनों में नहीं थे। यह उत्तर-आधुनिकता के नए गड्ढों में गिरकर आधुनिक बने रहने की अदा है। दोनों हाथ लड्डू। आधुनिकतावादी मानववाद की एक दुकान लगी थी। वह उजड़ गई है, उजड़ रही है तो क्या 'वॉलमार्ट' 'शॉपिंग मॉल' से वर्सेक डिजाइंड एक शर्ट तो लाकर पहन ही सकता हूँ! और वो मेरा बेटा मेरी बेटी है न जो केलिर्फोनिया में रहते हैं, वे साले मानते ही नहीं। कहते हैं, पापा अब तुम झोला छाप होना छोड़ो, ये ढाई हज़ार की शर्ट पहनो!

यदि इस दृश्य को उत्तर-आधुनिक उपभोक्ता दशाओं में अनिवार्य कहा जाए तो इसे स्वीकारा जाना चाहिए कि हिंदी के साहित्यिक परिदृश्य को उत्तर-आधुनिकता की दशाओं, परिस्थितियों ने अपने भीतर समो लिया है। वह स्वायत्तता, वह दृढ़व्रती प्रतिनिधानता नहीं रही है जिसे प्रायः ताल ठोंककर कहा जाता रहा है। यह राजनीतिक प्रतिनिधान में तो खूब ही देखा जा सकता है। प्रतिनिधि व्यवहार की राजनीति करते हैं। सिद्धांत अपनी जगह रह जाते हैं। यह व्यावहारिकतावाद है, साहित्य संस्कृति में भी यह हुआ है। तो इस लेखक को कम-से-कम एक तोष है कि जो इसने देखा वह अब सबको होता दिख रहा है।

स्वायत्तता के, प्रतिनिधान की प्रस्थापनाओं और तज्जन्य मानकों के गिरने के साथ बहुत कुछ गिरा है। साहित्यकार की सुस्पष्ट भूमिका पर प्रश्नचिह्न लगे हैं। रचना की सार्थकता, उसके मूल्यांकन की प्रक्रिया की स्वायत्तता और उसके इतिहास बोध का इकहरापन सब व्यर्थ सा हुआ है। कुछ 'दूसरी चीजें' आ खड़ी हुई हैं। वे चीजें क्या हैं? कहाँ-कहाँ हैं? भाषा में, अभिव्यक्ति के रूपों में कहाँ-कहाँ किस रूप में हैं? नई प्रस्थापनाओं के नए उत्तर-आधुनिक प्रस्थान बिंदुओं को ढूँढ़ना एक बड़ा समकालीन एजेंडा है, जो लोग अब भी कहते हैं कि यह सिर्फ एक साहित्यिक विशेषण हैं, जो कहते हैं कि उत्तर-आधुनिकता पश्चिम में ही 'मर' गई है, उनसे यह सवाल तो पूछना ही व्यर्थ है कि क्या वहाँ वह 'लैट कैपिटलिज़्म' भी 'मर' गया जिसे बहुराष्ट्रीय निगमों के वर्चस्वकारी संस्करण में, और उसकी सांस्कृतिक परिणतियों और तर्क के रूप में हम दुनियाभर में पाते हैं और जिसका आप नवसाम्राज्यवाद कहकर विरोध करते हैं? यह बात 'ठहरे हुए', 'रुके हुए', 'अवरुद्ध' मार्क्सवादी दिमागों से पूछने की नहीं है कि महान वृत्तांतों के अंतिम दुर्ग, समाजवाद

की अंतिम (और प्रथम भी) एक मात्र आशा और भरोसे सोवियत संघ का गिरना भी क्या सच नहीं? क्या 'लेट कैपीटलिज़्म' की बढ़त और 'समाजवाद' के गिरने के बीच कोई संबंध नहीं? और मित्र साथी कामरेड आप लोग इस बात का जवाब भी कभी-कभी दे दिया करें कि जिस चीन का चेयरमैन आपका चेयरमैन रहा, जिस वक्त सत्ता बंदूक की नली से ही निकला करती थी और जिस पार्टी के सृजित समाजवाद को आप सोवियत नवसंशोधनवादी 'कैपीटलिस्ट रोडर्स' के समाजवाद से अलग अधिक परिशुद्ध समाजवाद मानते थे, कहते थे; उसमें इतने सारे 'कैपीटलिस्ट रोडर्स' अचानक क्यों कर पैदा हो गए कि वे तमाम बहुराष्ट्रीय निगमों के एफडीआई के लिए दिन-रात लाल कालीनें बिछाने लगे। सीपीसी के बड़े नेताओं के बाल-गोपाल बहुराष्ट्रीय निगमों के बड़े अधिकारी क्यों बन उठे? यह कौन-सा मार्क्सवाद है जिसके प्राण पूँजी संचय, पूँजी निर्माण ही नहीं, 'वित्तीय पूँजी' के संचय, संवर्धन और रक्षण में बसते हैं और उपभोक्ता जगत के विस्तार के लिए खुद एक हिस्सेदार बनते हैं। प्रश्न तो बड़े हैं!! मगर इन्हें न कोई बाहर से पूछता है न भीतर से!

यह है 'शैथिल्य'। यह पश्चिमी साहित्य में सत्तर के आसपास घटा। यहीं कहीं से महान वृत्तांतों के होने, हो सकने का भरोसा उठा। यही वह दौर भी रहा जब यूरोप अमरीका में नए किस्म के पूँजीवाद ने दखल दिया। जिसे डैनिएल बैल ने 'पोस्ट-इंडस्ट्रियल सोसाइटी' कहा। 2005 में यकर्त्ता में मार्क्सवादी नेता बुद्धदेव भट्टाचार्य कह रहे हैं कि कम्युनिस्टों को बदलना होगा। अपना सोच बदलना होगा। पुराने सोच से नहीं चला जा सकता। यह है 'लेट कैपीटलिज़्म' की परिस्थितियों के आगे जीने की कला को सीखने की आकुलता और अभी तो बहुत कुछ बदलना है!! बदलना है!!

लेकिन उत्तर-आधुनिकतावादी राजनीतिक व्यवहार या नए सत्तामूलक विमर्शों में आए बदलावों पर बात करने की जगह फिर साहित्यिक-सांस्कृतिक क्षेत्र में लौटें और नए राजनीतिक-आर्थिक यथार्थ के साथ उसके संबंधों को देखें तो हम उन नए प्रस्थान बिंदुओं को देख सकते हैं जो हिंदी में खासे चर्चा के विषय रहे हैं यद्यपि ज़्यादातर चर्चाएँ 'रक्षात्मक' रही हैं मानो कोई समाजवाद हो, जिसे किसी षड्यंत्र से कोई छीन ले गया हो।

कुछ अति सुपरिचित उत्तर-आधुनिक प्रस्थान बिंदु इस प्रकार कहे जा सकते हैं—

—पूँजीवाद से लेट कैपीटलिज़्म या वृद्ध पूँजीवाद की ओर।

—राष्ट्र राष्ट्रवाद से ग्लोबल-लोकल-अस्मिता मूलकता की ओर।

—केंद्र और केंद्रवाद की जगह हाशियों की ओर।

—पोस्ट-कॉलोनियल विमर्शों की ओर।

—सत्य से सत्ता की ओर।

—ज्ञान के निर्विकल्प, संपूर्ण, प्रकृत होने की जगह सत्तामूलक होने की ओर।

—राष्ट्रीय पूँजी, राष्ट्रीय बाज़ार से अंतर्राष्ट्रीय ग्लोबल पूँजी बाज़ार की ओर।

—श्रम, पूँजी और उत्पादन के त्रिकोण में श्रम की जगह 'सेवा' की ओर।

—मशीन की जगह तकनीक चालकता की ओर।

—'अभाव' के सौंदर्यशास्त्र की जगह 'भाव' के सौंदर्यशास्त्र की ओर।

—'यथार्थ' सिद्धांत से 'अनंत सिद्धांत' की ओर।

—'संचय' से 'उपभोग' की ओर।

—उत्पादन से उपभोक्तावाद की ओर।

—महान, मुक्तिदाता बड़े वृत्तांतों की जगह छोटे-छोटे हाशियाकृत वृत्तांतों की ओर।

—सृजन की जगह संरचना की ओर।

—आलोचना की जगह विखंडन की ओर।

—विखंडनवाद समीक्षा, संयोगवश उत्तर-आधुनिकतावादी बदलावों के साथ-साथ ही घटित हुई है। विखंडनवाद या उत्तर-संरचनावाद उत्तर-आधुनिकता का पर्याय नहीं है, यद्यपि कुछ अज्ञानी इन दोनों के एक जैसे अर्थ लेते हैं, जबकि यह सच नहीं है। दोनों में कुछ दूर साथ-साथ चलने के बाद भेद हो जाते हैं। उत्तर-आधुनिकता ज़्यादा आर्थिक-राजनीतिक यथार्थगत प्रस्थापना क्षेत्र है जबकि उत्तर-संरचनावाद पाठ की रणनीति, यथार्थ के पाठ के एकार्थ की जगह 'अनेकार्थ' संभव करने की रणनीति का नाम है। इस बिंदु पर दोनों एक से नज़र आते हैं, लेकिन यहीं वे अलग भी होते हैं। इस प्रसंग पर यहाँ इतना ही।

—'सृजन' की जगह 'पेश्टीच', और 'पैरोडी' पर बल। 'स्वायत्तता' की जगह 'निजता' पर बल; 'स्वायत्तता' संकटग्रस्त। प्रतिनिधान संकटग्रस्त!

—एकार्थ से बहुवचनता की ओर।

ऐसे बहुत से प्रस्थान बिंदु हैं जो गिनाये जा सकते हैं। फिलहाल इतनों से ही सब्र करें।

इन प्रस्थानों बिंदुओं के स्पष्ट चिह्न हिंदी में पिछले एक डेढ़ दो दशक के लेखन में बाजाप्ता देखे जा सकते हैं।

× × ×

बहुत-सी बातों को छोड़ हम अब जरा जेमेसन की उस अवधारणा पर विचार करेंगे जो 'उत्तर-आधुनिकतावाद' को 'वृद्ध-पूँजीवाद' (लेट कैपीटलिज़्म) का 'सांस्कृतिक तर्क' मानती है। यह महत्त्वपूर्ण अवधारणा है। ल्योतार की प्रख्यात पुस्तक फ्रेडरिक जेमेसन अमरीका में मार्क्सवादी उत्तर-आधुनिकतौवादी चिंतक के रूप में जाने जाते हैं। ल्योतार ने 'द पोस्ट-मॉडर्न कंडीशन—ए रिपोर्ट ऑन नोलेज' में बार-बार उन 'महा-आख्यानों' के समस्याग्रस्त होने की बात कही जो यूरोप में ज्ञानोदय काल से बनाए जा रहे थे। उनकी मान्य स्थापनाओं में महा आख्यानों के 'अंत', समग्रतावाद (टोटलिज़्म) के अंत की बात कही गई, साथ ही रचनात्मक प्रतिनिधान के संकटग्रस्त हो उठने, लेखक के प्रतिनिधित्व की भूमिका के समस्याग्रस्त हो उठने तथा उसकी स्वायत्तता के खात्मे की बातें कही गईं। जेमेसन ने ल्यातोर की पुस्तक के अंग्रेज़ी संस्करण में इतना माना कि हाँ स्वायत्तता का पुराना स्वरूप संकटग्रस्त हो गया है। प्रसंगवश कह दें कि प्रतिनिधान का स्वायत्त स्वरूप ज्ञानोदय तथा आधुनिकता का वह समग्र कीमिया है जिसके ज़रिए मुक्ति के महाख्यान खड़े किए गए।

हिंदी के कथित आधुनिकतावादी इन कोटियों की संकटग्रस्तता पर बात नहीं कर पाते! शायद वे इन्हें समझ नहीं पाते हैं या न समझकर काम चलाते हैं मगर उत्तर-आधुनिकता को लेकर छिड़ी बहसें गंभीर विमर्शों को निमंत्रण देती रही हैं और दे रही हैं। उत्तर-आधुनिकता ने इतिहास, समाज-शास्त्र, कला क्षेत्रों में बहुत से जमे जमाए मानकों को 'कैननों' को व्यर्थ किया है। वे अब कारगर नहीं नजर आते। प्रभावी नज़र नहीं आते। केंद्रवादी, समग्रतावादी आधुनिकता के बरक्स विकेंद्रवादी उत्तर-आधुनिकता हाशिए पर डाल दिए गए समाजों, अस्मिताओं को जगह देती है। जाहिर है यह क्रिया भी अनंत अंतर्विरोधों से संचालित है क्योंकि यह अंतर्विरोधग्रस्त पूँजीवाद नए पूँजीवाद से परिचालित है। हम कह दें : उत्तर-आधुनिकता में भी सामाजिक अंतर्विरोधों का लोप नहीं हो गया है, हाँ उन अंतर्विरोधों के किसी एक 'मूलवादी' और 'सारवादी' ('फाउंडेशनलिस्ट' और 'ऐशेंशियलिस्ट') सिद्धांत की सीमाएँ उजागर हो गई हैं। इसीलिए तरह-तरह के विकेंद्रवादी विमर्श मैदान में आ गए हैं, आ रहे हैं। हमारे यहाँ दलित विमर्श, स्त्री विमर्श, अल्पसंख्यक विमर्श, धार्मिक विमर्श, विविध जाति विमर्श मूलतः अस्मितामूलक विमर्श हैं जो अपने भीतर-बाहर अनंत अंतर्विरोधों को, उपद्रवों को लिए-दिए व्यक्त होने लगे हैं, समाज को अपने ढंग से विभक्त और पुनःसंगठित करने में लगे हैं।

यह सब नए पूँजीवाद के बनाए 'स्पेस' हैं। अंतिम मुक्ति के मार्ग नहीं हैं। मगर आधुनिक राष्ट्रवाद ने जिन्हें दबाए रखा था, पश्चिमी मानवतावाद ने जिन्हें

किनारे कर रखा था, अब नए 'स्पेसों' में अपने दावे पेश कर रहे हैं। प्रचलित पुराने ढंग के मार्क्सवाद में इन्हें संदेह की नज़र से देखा जाता है और 'वर्ग' का 'महाख्यान' इन्हें 'नांधने' के लिए पेश किया जाता है। प्रगतिशील आलोचना में इन नए 'स्पेसों' का डर बहुत हास्यास्पद ढंग से भी प्रकट होता है। ज़ाहिर है कि ये तमाम नए स्पेस उसकी अपनी उपलब्ध थियरी में 'अनमेनेजेबिल' नज़र आते हैं। बहुत जगह वह इनसे मेल-मिलाप करता है। लेकिन वह इन नए 'स्पेसों' का भरोसा नहीं करता और इनके अंतर्विरोधों को न देख पाकर इन्हें 'साम्राज्यवाद' का पर्याय मानकर ही निंदित करता है। उसके लिए यही स्वाभाविक है। लेकिन इस तरह का विरोध जब साक्षात् नए पूँजीवाद के मूलवाद 'ग्लोबलाइजेशन' के सांस्कृतिक तर्कों से बहस करता है तो बहस विरोध में बिना माने इतना मान लेता है कि नए पूँजीवाद के अंतर्विरोध अत्यंत चंचल हैं, क्षिप्र हैं, तिर्यक् हैं और उन्हें सीधे-सीधे नहीं समझा जा सकता। कुछ दिन पहले तक वामपंथी विचारक अस्मितामूलक संघर्षों को उसके वाहक मीडिया एवं तकनीक को संदेह की नज़र से देखते थे। लेकिन धीरे-धीरे उन्होंने इनसे संवाद किया और अब 'इन्क्लूजन' की लड़ाई वह लड़ रहा है।

इसके बरक्स जब पिछले दिनों यूनेस्को ने ग्लोबलाइज़ेशन के दौर में 'सांस्कृतिक विविधता' के नैसर्गिक अधिकार पर बहस की तो वामपंथियों ने 'विविधता' को 'वरेण्य' माना क्योंकि सांस्कृतिक विविधता, सांस्कृतिक अनेक रूपता अमरीकी पूँजीवादी के उपभोक्तावाद में निहित सब आदतों-व्यवहारों के 'एक-रूपीकरण' (होमोजिनाइजेशन) पर जोर देती है। 'एकरूपीकरण' के मुकाबले 'सांस्कृतिक बहुलता' की लड़ाई अस्मितामूलक विविधतावाद के मजबूत हुए बिना आगे नहीं जा सकती। विविधता की रक्षा, 'एक केंद्रवाद' की जगह 'अनेक केंद्रिकता' की हिफ़ाजत करना है! नए पूँजीवादी एकरूपवाद से लड़ने के लिए उसके सांस्कृतिक वर्चस्व एवं नियंत्रणवाद से निकलने के लिए उसे तोड़ने के लिए, हर संस्कृति को सक्रिय करने, उसकी रक्षा करने का काम ज़रूरी है, यही क्रिया अस्मितामूलक विमर्श कर रहे हैं। वामपंथी अगर ऐसा सोचते हैं तो समझना चाहिए कि वे मार्क्सवाद का कोई नया संस्करण बना रहे हैं जिसमें 'पोस्ट-मॉडर्न' के कुछ उपयोगी तत्त्वों को मिलाया जा रहा है!! यह बेहतर है!! यह अपने भीतर अपनी नीति में 'पोस्ट-मॉडर्न' विकेंद्रण का स्वीकार है!

यों एक बड़ी बहस बाकी है। बातें अभी तक फर्श के नीचे सरकाई जाती रही हैं। इन मसलों पर कोई खुली बहस वामपंथ में नहीं देखी गई। यदि वह हुई

तो एक नया तनाव बिंदु बनेगा। इतिहास के एवं वृत्तांत के बीच आधुनिकतावादी तथा उत्तर-आधुनिकतावादी के बीच। यों उसके चिह्न भी अब रोज प्रकट होने लगे हैं। राष्ट्र, राष्ट्रवाद का कर्ता, उसका निर्माण, उसका एक-रैखिक इतिहास और बहुविधि, अनेक केंद्रीय इतिहास में तनाव लाया है। यह पश्चिम में है। वहाँ की अकादमियों में है, साहित्य में है, समाजशास्त्र में है। यह अपने यहाँ भी है।

उदाहरण के लिए 'इतिहास के अंत' वाली फ्रांसिस फुकुयामा की अवधारणा और उस पर जेमेसन तथा बौद्रीआ द्वारा चलाई गई बहस ऐसी बहस है जो आधुनिकतावाद तथा उत्तर-आधुनिकता के बीच तीखेपन के लिए विख्यात है। उत्तर-आधुनिकता के आलोचकों का मानना है कि उत्तर-आधुनिकता चूँकि एक-रैखिक इतिहास में यकीन नहीं करती, महाख्यानों, महा-वृत्तांतों में यकीन नहीं करती इसलिए वे इतिहास को 'सपाट' (फ्लैट) या 'चौरस' मानते हैं। इतिहास का मतलब यहाँ 'स्पेस' का वृत्तांत है, 'देश' का वृत्तांत है क्योंकि यहाँ 'काल' हमेशा 'वर्तमान' ही होता है। अतीतरहित एक शाश्वत वर्तमान। जबकि इतिहास की आधुनिक समझ इतिहास को किसी एक मूल बिंदु पर टिकाती है, और वर्तमान को बार-बार अतीत से प्रमाणित कराती है। आधुनिक विमर्शकारों के अनुसार उत्तर-आधुनिकता में 'ऐतिहासिक चेतना' होती ही नहीं। वे 'कारण' और 'परिणाम' को देख नहीं पाने के कार्य-कारण का संबंध नहीं समझते। जेमेसन का तो मानना है कि उत्तर-आधुनिक दृष्टि इसी इतिहासहीनता का परिणाम है। इन आक्षेपों ने, जाहिर है कि बहुत से पोस्ट-मॉडर्नों को बहस के लिए उत्तेजित किया। इनमें 'लिंडा हचियन' एक बड़ा नाम है। उन्होंने 'हिस्टोरियोग्राफिक मेटाफिक्शन' शीर्षक से दो अध्ययन प्रस्तुत किए और बताया कि उत्तर-आधुनिक उपन्यास अब भी इतिहास में 'निवेशित' है लेकिन यह इतिहास ठीक वही नहीं है जिसे अब तक माना जाता रहा है! (देखिए : पोस्ट-मॉडर्न ब्लैकनैस : टोनी मोरीसन 'बिलव्ड' एंड 'एंड ऑफ़ हिस्ट्री' नामक किंबर्ली चाबो डेविस का लेख) प्रोडक्टिव पोस्ट-माडर्निज्म...में संकलित, पृ. 75।

टोनी गोरीसन का उपन्यारा 'बिलव्ड' (1987) में इतिहास का एक 'संकर' (हाई ब्रिड) संस्करण बनाया गया है, जिसमें आज के सवालों का स्पर्श किया गया है जो जेमेसन ने अपनी आपत्तियों में उत्तर-आधुनिकता पर उठाए थे। मसलन, इतिहास की 'काल्पनिकता' के सवाल। सत्य की काल्पनिकता के सवाल अफ्रीकी-अमरीकी गहन सांस्कृतिक स्मृतियों और इतिहास के निर्माण के प्रश्न। भविष्य को बेहतर बनाने के लिए अतीत को जिंदा रखने के सवाल? मोरीसन स्वयं 'पोस्ट मॉडर्निज़्म' के खिलाफ लिख चुकी हैं और वे जेमेसन की शंकाओं के साथ गई हैं। लेकिन

किंबर्ले के अनुसार मोरीसन का उपन्यास 'हिस्टोरियोग्राफिक मेटा फिक्शन' की श्रेणी में आता है। लेकिन चूँकि मोरीसन 'ब्लैक' विषय पर लिखती हैं, उसका 'पाठ' बनाती हैं इसलिए उनका विमर्श इस विषय से प्रभावित भी हुआ है। मोरीसन मानती हैं कि इतिहास कल्पनापरक होता है, तो भी वे अफ्रीकी-अमरीकी इतिहास का दस्तावेज बनाना चाहती हैं ताकि उनके पाठक तुष्ट हो सकें। मजे की बात यह है कि मोरीसन भी केंद्रवाद तथा एलीटिज्म को चुनौती देती हैं जैसा कि पोस्ट मॉडर्न देता है! मोरीसन कहती हैं कि अफ्रीकी-अमरीकियों के लिए इतिहास खत्म नहीं हुआ है क्योंकि उन्हें अभी अपना इतिहास लिखना है, जो आज भी अपने 'नृवंशशास्त्र' को 'जीनियोलॉजी' को बना रहे हैं। आज वे इसकी एक ऐतिहासिक चेतना बरकरार रखना चाहते हैं।

मोरीसन के इस प्रख्यात उपन्यास को लेकर साहित्य के 'ब्लैक और व्हाइट' विमर्शकारों में तीखी बहस हुई है। लोगों ने कहा कि 'पोस्ट-मॉडर्निज़्म' 'व्हाइट' नस्ल का खेल है, जबकि मोरीसन 'काले जनों' का आख्यान! उनकी पहचान की दावेदारी है। उसे पोस्ट-मॉडर्न नज़रिए से, पोस्ट-स्ट्रक्चुरलिस्ट पद्धति से नहीं 'हड़प्पा' जाना चाहिए। लेकिन स्वयं किंबर्ली ने माना कि पोस्ट-मॉडर्न को 'व्हाइट रेस' का पर्याय मानना इस प्रकार की 'अति' ही है। किंबर्ली लिखती हैं : यह मानना कि काले लोगों का पोस्ट-मॉडर्न से कुछ लेना-देना नहीं है– उदार शैक्षिक विमर्शों तथा काले प्रतिरोधों के बीच जटिल ऐतिहासिक संबंधों की अनदेखी करना है। (वही, पृ. 77)। 1960-70 का नस्लवादी आंदोलन तथा उसी दौर के स्त्रीत्ववादी आंदोलनों ने ऐसा माहौल बनाया कि सांस्कृतिक सीमांत टूट गए, यह एक पोस्ट-मॉडर्न परिवर्तन था, यह एंड्रिया ह्युसन, को बीना मर्सर, और लिंडा हचियन का निष्कर्ष रहा! (इसके विस्तार के लिए देखिए लिंडा हचियन की पुस्तक 'ए पोयटिक्स ऑफ पोस्ट मॉडर्निज़्म) उत्तर-आधुनिकता के 'व्हाइट लिबरल' उत्तर आधुनिक सिद्धांतवेत्ताओं तथा अफ्रीकी-अमरीकी आलोचकों ने कई बार 'व्हाइट लिबरल' विमर्शकार और 'अफ्रीकी-अमरीकी' चिंतक बुर्जुआ राजसत्ता एवं कुछ मानवतावादी बुद्धिजीवियों की 'सार्वभौमीकरण' की 'गतिविधियों' के खिलाफ साथ-साथ मोर्चा लेते रहे हैं।

अपने यहाँ दलित विमर्श को इसके आलोक में देखा जा सकता है। स्त्रीत्ववादी विमर्श को भी देखा जा सकता है। मोरीसन का प्रसंग, फिलहाल यह 'स्पेस' देता है। उत्तर-आधुनिक विमर्शों के प्रतिरोधात्मक-प्रतिइतिहासात्मकता (काउंटर हिस्ट्रीसिज्म) की ओर संकेत करता है। इस लेखक का बहुत पहले से मानना रहा है कि तीसरी

दुनिया के समाजों में 'उत्तर-आधुनिकता' बहुत जटिल भूमिका में है। उसमें बहुत सा ऐसा है जो 'प्रतिरोधात्मक' स्पेस है। जहाँ-जहाँ भी 'एक केंद्रवाद' और उससे जुड़े वैचारिक सांस्कृतिक व्यवहार हैं, उनके प्रतिरोध में छोटे-छोटे अनंत प्रतिरोध इस उत्तर-आधुनिक स्पेस में ही व्याख्या पाते हैं। वरना उन्हें समग्रतावादी, एक केंद्रवादी विमर्श लील जाते हैं। यह केंद्रवाद पूँजीवादी साम्राज्यवादी पश्चिमी जगत का है। पोस्ट-मॉडर्न उसी का अंतर्विरोध है। यदि वह 'लेट कैपीटलिज़्म' का सांस्कृतिक तर्क है तो क्या इस सांस्कृतिक तर्क में अंतर्विरोध खत्म हो गए? कोई भी मार्क्सवादी ऐसा सोचता है तो वह मार्क्सवादी नहीं ही कहला सकता।

इसके बरक्स लिंडा हचियन पोस्ट-मॉडर्न की 'विद्रूपण' वृत्ति को महत्त्व देती हैं और कहती हैं कि 'विद्रूपण वृत्ति' उत्तर-आधुनिक समाज में सामाजिक आलोचना में सक्षम है। 'हिस्टोरियोग्राफिक मेटाफिक्शन' में इतिहास में आत्मसजगता-कल्पनात्मकता और अतीत की पुनर्रचना के तत्त्व रखती हैं।

टिप्पणी के आखिर में इतिहास, परंपरा के इसी प्रश्न पर 'पोस्ट-मॉडर्न' व्रिदूपण और प्रश्नाकुलता, संदेहात्मकता को नए अर्थ देते हुए 'द आर्कियोलॉजी ऑफ नोलेज़' में मिशेल फूको कहते हैं : परंपरा को ही लें। परंपरा, ऐसे तत्त्वों के समूहो को खास किंतु शीर्षक रूप में जगह देता है, जो सतत बने रहें और एक जैसे भी रहें। यह चीज इतिहास के विसर्जन के बारे में पुनर्विचार संभव करती है और उस रूप में संभव करती है। यह हर आरंभ के लिए सही भेदाभेद संभव करती है। ताकि सातत्य भीतर 'मूल' की अंतहीन खोज जारी रहे। इतिहास में हमेशा विसर्जन, छिटकाव, टूट, असातत्य होते हैं। इतिहास की कथित पक्की संपूर्ण कड़ियाँ भी टूटी-फूटी होती हैं। चेतना, विचार के विकास के साथ हर बार ऐसा होता है।

हम नहीं समझते कि पोस्ट-मॉडर्न लेट कैपीटलिज़्म का मात्र 'सांस्कृतिक तर्क' है। यह जेमेसन का 'रिडक्शनिज़्म' लगता है।

एक कथाकार इस्माइल रीड ने 'मंबो जंबो' नामक एक उपन्यास में जेसग्रू नामक चरित्र बनाया जो इस विशृंखलित हो चली दुनिया के लिए केंद्र, एक संरचना, एक उत्तर ढूँढ़ने में लगा रहता है। उपन्यास में न कोई 'मूल उत्सबिंदु' है न कोई अंत है। न वर्ग है, न नस्ल है, न चेतना है। कोई अंतर्बाह्य संदर्भ भी नहीं हैं। यही स्थिति, ल्योतार के यहाँ 'अनप्रेजेंटेबिल' का 'प्रेजेंट' करना है, प्रतिनिधान से बाहर कर दिए गयों का प्रतिनिधान है। जेसग्रू में कोई मानवीय योजना नहीं है। पोस्ट-मॉडर्न वृत्तांत के बारे में ल्योतार ने 'द पोस्ट-मॉडर्न कंडीशन' में लिखा है : ये ऐसा वृत्तांत ही हो सकता है जो अच्छी विधाओं से मिलने वाली तृप्ति से रहित हो, या जो रुचियों की

सर्वानुमति को संभव करता हो, जो नए वृत्तांतों को खोजता हो, नई प्रस्तुतियों को खोजंता हो जिन्हें वह आनंद के लिए न बनाकर, प्रतिनिधान से बाहर कर दिए गए के पक्ष में जाता हो। मंबो जंबो में 'काला जादू' है। मुसलमान राष्ट्रवादी हैं, शहरी लेखक हैं। ईसाई प्रचारक हैं, और मार्क्सवादी भी हैं, ये सब अफ्रीकी-अमरीकी अनुभव के हिस्से हैं। ये तमाम बेहद लचीले हैं, कट्टरतावादी नहीं हैं। (वही, पृ. 109-10, हिस्टीरियोग्राफिक मेटाफिक्शन एंड द सेलीब्रेशन ऑफ डिफरेंस : इस्माइल रीड का 'मंबो जंबो'। टिप्पणीकार डब्लू. लारेंस होग)।

यह विवरण अपने यहाँ के एक दलित विमर्शकार धर्मवीर की नई किताब : 'सामंत का मुंशी प्रेमचंद' के ज़िक्र के बिना निष्कर्ष की ओर नहीं जा सकता। दलित विमर्शकार धर्मवीर ने प्रेमचंद के जीवन-चरित्र और उनके पात्रों का एक खास संदर्भ में जो 'पाठ' बनाया है, इससे प्रेमचंद की बनी-बनाई मूरत ध्वस्त होती है और बड़े निर्मम ढंग से होती है। प्रेमचंद की मानवतावादी योजना के भीतर के दलित विमर्श के उपकेंद्र से सेंध लगाकर, दलित का एक अपना केंद्र खड़ा करते हैं और अब तक की मानवीय गरिमा से युक्त बनाए गए प्रेमचंद बुरी तरह से चोट खाते हैं। यह अपने ढंग का उत्तर-आधुनिक विमर्श है। इससे प्रेमचंद को लेकर चला आता 'वृत्तांत' टूट-फूट जाता है। एक हाशियामूलक वृत्तांत अपनी जगह बनाता है। यों यह समीक्षा वर्ग की किताब है, मगर है 'विमर्श' करती हुई किताब।

इसी तरह 'कबीर के आलोचक' किताब में धर्मवीर ने इतिहास के एक मान्य, मानक, उच्च जाति निर्मित, स्वीकृत 'मानक' को हिलाया और कबीर को सवर्ण 'इतिहास' से बाहर निकालकर दलित इतिहास में खड़ा कर दिया।

बहुत दूर तक यह फूकोवादी ढंग की वह 'डिसकंटीन्यूइटी' है जो इतिहास के महावृत्तांत ने दबा रखी थी, जिसे इतिहास के कर्म को तोड़कर धर्मवीर ने एक 'गैप', एक 'खला', एक दृढ़विभक्ति, एक विचलित करने वाली हाशियाकृत मानकता को केंद्रवाद से टकरा दिया है।

हिंदी के 'माडर्निस्टों' ने धर्मवीर के आक्षेपों, उनकी 'पाठ-रणनीति' की निंदा तो खूब की, लेकिन उनसे कोई बहस नहीं चलाई। यह प्रतिनिधान से बाहर कर दिए गयों का प्रतिनिधान में आना नहीं तो और क्या है? दलित लेखन क्या है? वाल्मीकि की 'जूठन' क्या है? दलित लेखकों की छटपटाहटें क्या हैं? प्रसंगवश, 'लेट कैपीटलिज़्म' के 'सांस्कृतिक तर्क' के कुछ फलागमों में से एक बड़े फलागम 'भूमंडलीकरण' को लें और उसके प्रति दलित विमर्श के बारे में सोचें! पाठक जान लें कि एक बड़े दलित चिंतक चंद्रभान प्रसाद के मुताबिक 'भूमंडलीकरण' या

उसका सरगना 'अमरीका' उस तरह का 'नंबर वन' का शत्रु नहीं है जिस तरह से रैडीकल लोग देखते हैं, राष्ट्रवादी (सांप्रदायिक एवं सेकूलर) सोचते हैं। प्रसाद 'ब्लैक' लोगों को लेकर किए गए अमरीकी रिज़र्वेशन एवं अन्य सुधारों को अपने यहाँ के दलितों के लिए भी एक 'स्पेस' की तरह ही देखते हैं। एक प्रसंग में, 'पायनियर' की अपनी दलित डायरी में उन्होंने लिखा था : वे क्लिंटन से तो बात कर सकते हैं क्योंकि वह उनकी जात नहीं पूछेगा लेकिन यहाँ के नेताओं से क्या यह इतिहास के बीच पैदा होती और पैदा की जाती .... 'डिसकंटीन्यूइटी' के स्पेस कहते हैं। आप इसे याद कर सकते या आप चाहें तो खारिज करें लेकिन इस विमर्श में शक्ति 'ग्लोबलाइजेशन' की शक्ति है।

'कबीर के आलोचक' पुस्तक में धर्मवीर ने एक जगह एक 'डिसरप्टिव सूत्र दिया है : ''अगर भारत में मुग़ल न आए होते तो कबीर न होता और अंग्रेज़ न आए होते तो अंबेडकर न होते!'' यह समूचे द्विज, कुलीन, राष्ट्रवादी, पक्के मान लिए गए इतिहास में दबा दी गई एक विभक्ति को रणनीति के तहत चौड़ा करने का विमर्श है।

क्या यह, उन हाशियों का प्रतिनिधान करने का यत्न नहीं है जिन्हें पाँच हज़ार साल से किनारे ही रखा गया।

यह प्रसंग यहीं, संक्षिप्त में ही, समाप्त किया जा सकता है।

समग्र एक-रैखिक इतिहास की अवधारणा की जगह दूसरी-तीसरी रेखा या कहें कई रेखाओं वाला क़ाटता-पीटता इतिहास उनकी आवाज़ हो सकता है, जिनकी वाणी नहीं दी गई है।

उत्तर-आधुनिकता इसी वाणी को जगह देती है।

इस नव-पूँजीवादी तत्त्ववाद के बरक्स, उत्तर-आधुनिकता जो उसी का एक लीला विस्तार है, उसी के अंतर्विरोधों से ग्रस्त होकर बेहद जटिल नए-नए स्पेस बनाती है और लगभग निर्विकल्पक भाव से स्पेसों को खोलती-बंद करती है। स्पष्ट है कि उत्तर-आधुनिकता में भी अनंत प्रतिरोध सक्रिय हैं। जाहिर वे पुराने औद्योगिक क्रांति के जमाने वाले प्रतिरोधों की तरह व्यंज्य नहीं होते।

अपने स्वभाव की तरह ही...'प्रोडक्टिव पोस्ट-मॉडर्निज़्म', में 'एक्टिंग फ्राम द मिड्स्ट ऑफ आई आइडेंटिटीज' (पृ. 199) नामक लेख में लिंडा हचियन ने सवाल पूछा : 'अगर पोस्ट-मॉडर्न' जैसे 'विकेंद्रित' ि मर्श को कोई राष्ट्रवादी केंद्रवाद से परिभाषित करेगा तो क्या परिणाम होगा? िंडा का निशाना जेमेसन का 'पोस्ट-मॉडर्निज़्म' है जिसमें 'पोस्ट-मॉडर्निज्म' और अमरीका पर्याय से दिखते हैं :

"संपूर्ण ग्लोबल, अमरीकी, उत्तर-आधुनिक संस्कृति अमरीका की नई सैन्य और आर्थिक वर्चस्वकारी नीतियों का आंतरिक और संरचना मूलक विस्तार है" (जेमेसन)!

यह एक तरह का पोस्ट-मॉडर्निज़्म है जो नए पूँजीवाद के अंतरंग अंतर को लगभग नदारद मानता है।

'अस्मिताओं के बीच से' लिंडा हचियन कहती हैं कि पोस्ट-मॉडर्निज़्म की अनेकमुखी परिभाषाएँ, संरचनाएँ स्वयं प्रमाण हैं कि वे 'अस्मिता के बीच से' ही सक्रिय हैं।

उत्तर-आधुनिक समय में मार्क्सवाद

कम्युनिस्ट प्रेमियों और कम्युनिस्ट द्वेषियों की स्थिति विलोम होते हुए भी लगभग एक समान लगती है। कम्युनिस्ट बदलें तो आफ़त है न बदलें तो आफ़त है। अगर इतनी आफ़त है तो ज़ाहिर है कि बदलना ही सत्य है। इसे देखकर बदलते हुए भी न बदलने का अनुभव करने वाले यही कह सकते हैं कि यह क्या हो रहा है। मार्क्सवादी पार्टी की अठारहवीं कांग्रेस के संदर्भ में यत्र-तत्र प्रकाशित विचार इसी व्यतीत शीतयुद्धीय मानसिकता को अब भी प्रकट करते हैं जबकि शीतयोद्धाओं के आत्मतर्पण के लिए शीतयुद्ध पूँजीवाद के पक्ष में खत्म हो चुका है और अमेरिका नए पूँजीवाद का सरगना बना है। दुनियाभर में पूँजीवाद विजय दर्ज़ कर रहा है तो भी कम्युनिज़्म का भूत गया नहीं है।

जब सोवियत संघ विघटित हुआ तो वालस्ट्रीट के महासेठों ने कम्युनिस्ट मैनिफ़ेस्टो के आमुख की कॉपी को थोड़ा ब्लोअप कराके अपने कार्यालय में टाँग दिया। इसके आमुख की प्रथम पंक्ति कहती है : "कम्युनिज़्म का प्रेत यूरोप को भयाक्रांत कर रहा है" यह मैनिफ़ेस्टो के उन आरंभिक वाक्यों में से एक है जो न जाने कितनी बार बहसों में रहे हैं। उनसे दुनिया हिली है, लेकिन जब अमेरिकी विश्व सेठों ने उसे अपने स्टॉक एक्सचेंज के कार्यालय में टाँगने की इतराती हुई खबर दी तो तसल्ली कर ली होगी कि कम्युनिज़्म का भूत उतर गया है। उसे कील दिया गया है। लेकिन अब भी यह प्रेत रह-रहकर सताता है। कारण है कम्युनिस्ट सत्ताएँ चली गईं, लेकिन विचार? वे तो बने रहे और निजीगत अंतर्विरोध? वे और तीखे हो गए। ज्यों-ज्यों नए पूँजीवाद ने अपने कदम धमक के साथ रखे पूँजीवाद के अंतर्विरोध नए सिरे से सामने आने लगे।

एक विचारधारा के रूप में मार्क्सवाद का आकर्षण बढ़ा और इतना बढ़ा कि

विखंडनवादी और मार्क्सवादियों द्वारा मार्क्सवाद विरोधी मान लिए गए देरिदा ने जब 'चौथे इंटरनेशनल' की बात की तो कम्युनिस्टों तक को उसमें कुछ काम की बात नज़र आई। कम्युनिस्ट बदलने लगे या उन्हें बदलते कम्युनिस्ट बदलते दिखने भी लगे। संशोधनवाद शब्द उनके शब्दकोश से हट गया। समाजवाद हट गया। मार्क्सवादियों को फूको जैसे चिंतक तक में कुछ काम की बातें नज़र आने लगीं। ये शुभ लक्षण हैं। देरिदा या फूको उन चिंतकों में से रहे जो उत्तर-संरचनावादी और उत्तर-आधुनिकतावादी दौर के चिंतक माने जाते हैं और जिनके चिंतन ने ज्ञान-विज्ञानों और विमर्शों में बड़े दबाव बनाए हैं। कम्युनिस्टों ने अपनी कट्टरता त्याग कर देर से सही नए विमर्शों के बारे में उत्सुकता दिखाई। स्पष्ट है कि वे नई परिस्थितियों में जागरूक होकर बदलने को उत्सुक हैं। उनका बदलना उन्हें ज़रूर परेशान करता है जिन्होंने कम्युनिस्टों की एक पक्की छवि बना रखी है। यह शीतयुद्ध मुहावरों से बनी छवि है।

माकपा के बदलाव को हम मार्क्सवाद का विकास कह सकते हैं। ये संकेत अब बहुत स्पष्ट हैं। प्रकाश करात का महासचिव बनना सिर्फ पीढ़ीगत परिवर्तन नहीं है, वह नए समय में, नए ग्लोबल समय में नए ढंग के मार्क्सवादी विमर्श का संकेतक है। प्रकाश करात को जो जानते हैं वे बता सकते हैं। प्रकाश करात बेहद ठंडे मिज़ाज के ठहरे हुए व्यक्ति हैं। वे अव्वल दर्जे के संगठनकर्ता हैं और मीडिया-शर्मीले हैं। भारत की भाषा समस्याओं पर उनकी एक किताब इस लेखक ने देखी है। उन्होंने जेएनयू के दौरान प्रयत्नपूर्वक हिंदी सीखी है और अब वे उसे आराम से बोलते-बतियाते हैं। अरसे से पार्टी की सांगठनिक गतिविधियों को वही देखते आए हैं और राजनीतिक प्रस्ताव के मसौदे बनाने में उनकी अहम भूमिका कही जाती है।

जो लोग मार्क्सवादी पार्टी के महाधिवेशन में रहे वे बताते हैं कि प्रकाश करात को महासचिव बनने के क्षणों में थोड़ा भावुक होते देखा गया। वे अपनी पार्टी के नौ रत्नों के बारे में एकदम नई पदावली में बोले और सुरजीत-बसु को 'रखने' की महत्ता जताते हुए भावावेश में बोले। अगर हम किसी कुछ पुराने ढंग के कॉडर से पूछेंगे तो वह सीधे कहेगा कि पार्टी तो हमेशा से यथार्थ के साथ अपनी नीति बदलती रही है। नए-से-नए यथार्थ के प्रति जाग्रत होना ही मार्क्सवाद है। वह इन पंक्तियों को भी सहृदयता से स्वीकार नहीं करेगा कि मार्क्सवादी पार्टी बदल

रही है। लेकिन यह सच है वह बदल रही है। उसे बदलना है क्योंकि वही बदल सकती है। ऐसे कामरेड भी होंगे जो इस बदलाव को जल्द ही पचा न सकेंगे। उनमें से कुछ तो पिछले दिनों ही 'हिंदी क्षेत्र' शब्द से ही बिदक गए थे जिसको सात दिन के सेमिनारों में एक मुख्य विषय बनाया गया था।

बहरहाल, सात दिन के सेमिनारों ने हिंदी क्षेत्रों को मार्क्सवादी एजेंडे में प्रमुखता से लाने में एक संदर्भ का काम किया है। बहस अब हिंदी क्षेत्र और मार्क्सवाद को लेकर चल निकली है। मार्क्सवादी पार्टी अपने पश्चिम बंगाल, केरल और त्रिपुरा के कोनों से निकलकर अगर मुख्य धारा की पार्टी बनने का इरादा जाहिर कर रही है तो इसलिए कि अब वह अपने स्वरूप को 'अखिल भारतीय' बनाना चाहती है ताकि देशव्यापी ढाँचे में अपनी भूमिका निभा सके। चालीस-पैंतालीस सदस्य लेकर आप सरकार बनवा-चलवा तो सकते हैं, लेकिन आप निर्णायक ढंग से नीति निर्धारण नहीं कर सकते। प्रकाश का आना इसी एक विचारधारात्मक रणनीतिक तर्क को पुष्ट करता है। प्रधानमंत्री पद के लिए ज्योति बसु की संस्तुति न करना या सरकार में बाजाप्ता भाग न लेने की लाइन, जिसमें कम-से-कम एक दर्जन मनमाफ़िक पोर्टफोलियो मिलने वाले थे, पार्टी की वह लाइन रही जिसके तहत वह सत्तावादी रणनीति को अपनाकर राजनीति की पूँछ बनने से कतराती रही है। इसे प्रकाश लाइन कहा जा सकता है।

भविष्य की सरकारों में निर्णायक भूमिका निभाना तभी ठीक है जब आप प्रभावी हों। यह समझ प्रकाश समेत पार्टी के बहुमत की होनी चाहिए। प्रकाश का आना इसी समझ की पुष्टि है। वृंदा करात का पोलित ब्यूरो में आना सचमुच एक बड़े बदलाव का संकेत है। यह शायद प्रकाश के आने से भी ज़्यादा बड़ा संकेतक है। महिला सदस्य को नियुक्त करके पार्टी ने एक बड़े विचारधारात्मक साहस का परिचय दिया है। नया संदेश दिया है। पिछले पंद्रह-बीस साल में मार्क्सवादी पार्टी के महिला संगठन ने जिस तरह से लगातार संघर्ष के जरिए बढ़त हासिल की है और कई प्रसंगों में लड़ाइयाँ जीती हैं, सामाजिक सुधार, वैधानिक सुधार के मुद्दे उठाए हैं, उसका मान पार्टी को करना पड़ा है। कुछ बरस पहले ही पार्टी में महिला सवालों को लेकर एक चुप्पी का और असहनशीलता का वातावरण दिखता था। अब नहीं है। यह बदलाव है।

वैश्वीकरण के इस समय में जिस संगठन ने सबसे ज़्यादा राजनीतिक-सामाजिक हस्तक्षेप किया वह महिला संगठन के सवाल ही रहे हैं। पार्टी समझती है कि ये सवाल आने वाले दिनों में लगातार एजेंडा बनने हैं। दूसरा बदलाव हिंदी क्षेत्रों को

कुछ अतिरिक्त ध्यान से देखने-समझने और आंदोलनों की रणनीति तैयार करने का है। सल्किया प्लेनम को इतने दिनों तक ठंडे बस्ते में डाले रखने के बाद यदि हवा लगाई गई है तो उसका कारण भी परिवर्तन की दरकार है। सब जानते हैं कि भारतीय कम्युनिस्ट पार्टी का जो हिंदी क्षेत्रों में थोड़ा-बहुत जनाधार था वह खत्म हो रहा है। मार्क्सवादी पार्टी का आधार पहले यहाँ कमजोर रहा है, लेकिन दिल्ली और हरियाणा के अनुभव बताते हैं कि अगर मुद्दा-दर-मुद्दा माइक्रो किस्म के मुद्दों को लगातार उठाया जाए तो रास्ता निकलता है। मसलन, दिल्ली में व्यापारियों के पक्ष में, छोटे कारखानों के पक्ष में आकर पार्टी ने अपने बदलाव का संकेत दिया और इससे उसे नया अतिरिक्त जनाधार मिला।

इसी तरह हरियाणा में ज़मीन से लेकर सामाजिक सुधार यथा जातिगत प्रतिष्ठाओं के लिए खाप पंचायतों द्वारा स्त्रियों पर किए गए अतिचारों के लगातार विरोध ने जनवादी महिला समिति को एक जुझारू संगठन बनाया है। पार्टी की साख को दर्जा दिया है। ये सांस्कृतिक, सामाजिक, आर्थिक आंदोलन अनुभव का विस्तार माँगते हैं और ये ही हिम्मत देते हैं कि हिंदी क्षेत्र कोई पहेली नहीं है जिसे न समझा जा सके, न बदला जा सके। यहाँ पार्टी की एक बड़ी भूमिका दिखती है। पढ़े-लिखे लोगों का एक बड़ा तबका मार्क्सवाद का हमदर्द है और उसकी संख्या में बढ़ोतरी हुई है। यह वह आधार है जो सांस्कृतिक हस्तक्षेप से प्रतिक्रियावादी शक्तियों का प्रतिरोध करता आया है। दलित, आदिवासी, अल्पसंख्यकों के मुद्दे वे हाशियाकृत लघु-लघु उत्तर-आधुनिक वृत्तांत हैं जिन्हें पार्टी अपने क्लासिकल मार्क्सवाद के साथ फेंटना चाहती है और अनुभव अर्जित करने का इरादा रखती है। यह अपने आप में एक बड़ा प्रयोग होगा।

हिंदी क्षेत्र बारूदी सुरंगों, विस्फोटक जोख़िमों से भरे हैं। जिनके बारे में पार्टी अब उस भाषा में बात नहीं करती जिसमें पुराने समय में करती थी। वह मुद्दे-दर-मुद्दे चलना चाहती है। हिंदी क्षेत्रों की अपनी विशिष्टता को समझकर आगे बढ़ना चाहती है। कुछ बुनियादी मसलों को छोड़ स्थानीयता के हिसाब से लचीलापन लाना चाहती है। जिस तरह पार्टी ने तमिलनाडु में दलितों के मंदिर प्रवेश पर एक सफल आंदोलन चलाया उसी तरह हिंदी क्षेत्रों में भी वह कर सकती है। सामाजिक सुधार के मुद्दे

हिंदी क्षेत्रों में उसके एजेंडे पर हैं। यह एक ख़बर है कि पिछले दिनों हिंदी भाषा को लेकर पार्टी ने लचीला रुख अख़्तियार किया है।

पुराने कार्यक्रम में संपर्क भाषा का प्रश्न भविष्य पर गोलमटोल ढंग से छोड़ दिया गया था। अब उपलब्ध नए कार्यक्रम में हिंदी को ही संपर्क भाषा के रूप में 'संभव' माना गया है। कम्युनिस्ट आंदोलन में यह एक बड़े बदलाव का संकेत है जो अलक्षित रह गया है। एक महत्त्वपूर्ण बदलाव कम्युनिस्ट आचरण में देखा जा सकता है। सीताराम येचुरी, वृंदा करात मीडिया-मित्र चेहरे बने हैं। वे मीडिया संचालित तेज रफ़्तार राजनीति से कदम ताल करके सोचते हैं। इस समय में रफ़्तार भी राजनीति को तय करती है। यह मर्म जाना गया है तभी अपेक्षाकृत तेज रफ़्तार, प्रकाश आगे लाए गए हैं। उनके साथ येचुरी, विमान बोस, अनिल विश्वास आदि की टीम भी है।

लेकिन जैसाकि मार्क्सवादी ही कहते हैं कि लाइन हज़ार ठीक हो, अगर सही अमल में न लाई जाए तो दो कौड़ी की रह जाती है। कहने की ज़रूरत नहीं कि सिद्धांत और व्यवहार के बीच खाई अब भी बहुत चौड़ी है। चाहे निचले स्तरों पर महिला सदस्यों की संख्या का प्रश्न हो या पुरुष सदस्यों का महिला मसलों पर प्रकट-अप्रकट मर्दवाद का प्रश्न हो, पार्टी अब भी इन मसलों पर चुप लगाती दिखती है। प्रकाश ने एक बातचीत में ये तो बताया कि पार्टी में वैचारिक प्रतिबद्धता के स्तर में कमी आई है। मध्यवर्गीय ट्रेड यूनियनों के कॉमरेड लेवी तक नहीं देते, लेकिन वे यह कहना भूल गए कि स्त्री प्रश्नों पर आम कॉमरेड कैसा रवैया रखते हैं। क्या वह अन्य दलों के मर्दवादियों से अलग होता है? क्या इनकी क्लास लेने की ज़रूरत नहीं? क्या अंदरूनी संघर्ष को तीख़ा करने की ज़रूरत नहीं?

इसी तरह प्रकाश ने चीन के मॉडल की जगह भारत का अपना मॉडल बनाने की बात उचित कही और पूँजी का योजना से विवाह करने का मुहावरा इस्तेमाल किया, लेकिन यह मार्क्सवाद की परंपरा में बेमेल विवाह किस कदर तनाव और अंतःसंघर्ष पैदा करेगा इसका खुलासा नहीं किया। बंगाल में विदेशी कंपनी 'मेंकिंजी' बंजर को उपजाऊ में बदल रही है, लाख का करोड़ बना रही है। क्या वह नीति ग्लोबलाइजेशन को लेकर अपनाई नीति के मेल में है? केरल के कामरेड कोऑपरेटिवों के पैसे को कॉरपोरेट में लगाने लगे हैं। इसका मार्क्सवाद से यदि लेना-देना है तो किस तरह? या कि यह लेट कैपिटलिज़्म में मार्क्सवाद के जिंदा रहने की तकनीक मात्र है? या कि यह यथार्थ के बदलाव की बात है, जैसाकि इटली की या फ्रांस की कम्युनिस्ट पार्टी ने किया है। वहाँ के कम्युनिस्ट वृद्ध पूँजीवाद के संग जीना

सीख रहे हैं।

क्या मार्क्सवादी पार्टी भी दो कदम पीछे हटकर, जनवादी क्रांति को पीछे रखकर फिलहाल जनतांत्रिक आंदोलनों और जनतांत्रिक चेतना को अपना फौरी एजेंडा बना रही है। ऐसे एक नहीं हज़ार सवाल प्रकाश के सामने होंगे क्योंकि वे अकेले ऐसे नेता हैं जो पिछले तीन दशकों से इन तमाम समकालीन सवालों से लगातार जूझते रहे हैं। ज़ाहिर है कि सवाल सामने है जवाब अभी आने हैं। उत्तर-आधुनिक युग में राजनीतिक प्रक्रिया पर चिंतन करते हुए हेमिल्टन ग्रांट ने लिखा है कि उत्तर-आधुनिक दौर में राजनीति माइक्रो राजनीति मुद्दों वाली होगी जिसमें अस्थायी किस्म के साझे-समझौते गठबंधन बनते-बिगड़ते रहेंगे। किसी एक मसले को लेकर कुछ दिन की राजनीति तक होगी। इतनी राजनीतिक तरलता और फिसलन हो सकती है कि आप कब कहाँ फिसल जाएँ पता नहीं लगेगा।

ज़ाहिर है कि यह नए पूँजीवाद की चंचलता और तरलता है जिसके साथ कदम ताल करना पहले किसी मार्क्सवादी उस्ताद ने नहीं सिखाया। हाँ, कम्युनिस्ट मैनिफ़ेस्टो में पूँजी की इस दुर्दांत चंचलता और तरलता का उल्लेख मार्क्स-एंगेल्स ने विस्तार से किया है जिसकी अनदेखी कम्युनिस्टों ने लगातार की है। अब आप उसी दुर्दांत चंचल तरल पूँजी की दुनिया में हैं। पुराने औद्योगिक क्रांति के समय में नहीं, उत्तर-आधुनिक समय में हैं। तकनीक ने देशकाल की ही नहीं राजनीति करने की प्रविधि ही नहीं समाज परिवर्तन की प्रविधि तक को बदल दिया है। राष्ट्र की पक्की सीमाएँ और अवधारणाएँ लरज़ रही हैं। केंद्रीकृत धीमी चाल से काम करने वाले संगठन गिर रहे हैं। अगर अपने सल्किया संकल्प को दुहराने में मार्क्सवादी पार्टी को पच्चीस साल से ज़्यादा लग गए तो तय मानिए कि अगली बार इस संकल्प को दुहराने तक का समय नहीं मिलेगा। सो, मामला गहन परिवर्तन का है। टेक्टिकल की जगह स्ट्रेटेजीकली अपडेट करने का है।

19 अप्रैल, 2005

नई भूमिका में कामरेड

लोकसभा के अध्यक्ष का पद स्वीकार करने के बाद सोमनाथ चटर्जी ने वामपंथी सांसदों के एक स्वागत समारोह में किंचित ब्याज निंदा के साथ ही कहा कि "हमारी पार्टी ने हमारा बोलना बंद कर दिया है।" सदन में पार्टी के नेता पद पर रहते हुए वे बोला करते थे और उनके हस्तक्षेप बिना किसी शोर-शराबे के अपने तर्क और तकनीकी ज्ञान से संचालित होते थे। वे अब नहीं हो सकेंगे। जो आदमी नौ-दस बार से संसद में लगातार आता रहा और बोलता रहा हो उसे लोकसभाध्यक्ष जैसे तटस्थ पद पर विराजमान कर पार्टी ने उनके संग एक मीठा सा मजाक किया, जिसे उनके जैसे निष्ठावान कार्यकर्ता ने गंभीरता के साथ स्वीकार किया। उनमें कोई प्रकट उल्लास नहीं था। हाँ, उनमें पद स्वीकार करने के बाद एक बार पुलक अवश्य दिखी, लेकिन उनके चेहरे पर ऐसे भाव ज़्यादा देर नहीं टिके।

जिन दिनों में जरा से पद के लिए मारामारी चलती हो, जहाँ जीत की खुशी में लोग किशोरों की तरह किलकते दिखते हों वहाँ सोमनाथ की गुरु-गंभीरता उनके स्वभाव और पद के अनुरूप ही दिखी। उनके आसन ग्रहण करने के बाद पक्ष-विपक्ष ने जिन शब्दों में याद किया उनसे यही मालूम पड़ता है कि समूची लोकसभा का उनके व्यवहार पर पूरा भरोसा है। उनका निर्विरोध चयन यही बताता है कि एक कम्युनिस्ट ने अपने कार्य से बुर्जुआ राजनीति के बीच अपनी स्वीकृति बढ़ाई है और इस तरह से बढ़ाई कि कोई विरोधी स्वर तक सामने नहीं आया। यह एक इतिहास है जो नई परिस्थिति की लोकसभा में नए ढंग से बना है। मार्क्सवादी कम्युनिस्ट पार्टी ने अपनी आरंभिक ना-नुकर के बाद अंततः लोकसभाध्यक्ष के पद की बात मान ली, इससे दूसरी 'ऐतिहासिक गलती' होने से बच गई। यद्यपि यह आधा सुधार है, यथार्थ का दबाव एक दिन इसे भी ठीक करने का दबाव बनाएगा।

कामरेड सोमनाथ के लोकसभा अध्यक्ष के पद को स्वीकार करने के कई अर्थ हैं जिन्हें उन्हें 'दुश्मन' मानने वालों ने तो ज़रूर समझा होगा, लेकिन इतना तय मानिए कि कम्युनिस्टों ने शायद इसका पूरा निहितार्थ अभी नहीं समझा है। वे अभी भी लोकसभाध्यक्ष के पद को सरकार में शामिल न होने के बराबर मानकर चल रहे हैं। यदि कम्युनिस्ट पदावली में ही कहा जाए तो लोकसभाध्यक्ष का पद लेकर मार्क्सवादी पार्टी ने उसी बुर्जुआ संविधान की रक्षा करने के लिए अपना कामरेड आगे किया है जिसके बारे में एक बार मार्क्सवादी पार्टी के नेता कामरेड बीटी रणदिवे ने कहा था कि इस संविधान को आमूलचूल बदल दिया जाना चाहिए। रणदिवे तेलंगाना के हथियारबंद क्रांतिकारी किसान संघर्ष के नायक थे। तब वे बुर्जुआ जनतंत्र और संविधान को शास्त्रीय मार्क्सवादी नज़र से देखते थे और इंदिरा गाँधी के जमाने में उनके इस वाक्य से तूफान खड़ा हो गया था। वे संविधान के दुश्मन कहे गए थे। तीन-चार दशक बाद परिस्थितियों ने ऐसा मोड़ लिया कि जिन कम्युनिस्टों की निष्ठा पर लगभग हर बुर्जुआ पार्टी ने हमेशा शक किया उसी मार्क्सवादी पार्टी के एक नेता को बुर्जुआ संविधान की रक्षा, उसकी व्याख्या, उसकी संसदीय कार्रवाई की सुचारु व्यवस्था का काम सर्वसम्मति से सौंपा।

कहने की ज़रूरत नहीं कि ऐतिहासिक जीत हासिल कर लोकसभा में आए वामपंथी मोर्चे और उसके सबसे बड़े घटक दल मार्क्सवादी कम्युनिस्ट पार्टी के इस फैसले से कम्युनिस्ट मुख्य धारा की राजनीति में बाजाप्ता शामिल हो गए हैं। यद्यपि यह कदम उन्होंने बेहद डरते-डरते रखा है लेकिन इसका परिणाम काफी समय तक न केवल उन्हें प्रभावित करने वाला होगा बल्कि वामपंथी राजनीति को एक खास 'पॉपुलर' पहचान दे सकेगा। संसदीय राजनीति से लगातार परहेज़ करने वाले, मजबूरी में उसे आधे मन से करने वाले अनेक मार्क्सवादी अभी तक संसद को पूँजीपतियों का 'सूअर बाड़ा' मानते होंगे। लेकिन इस निर्णय के बाद वे बुर्जुआ जनतंत्र को अपने लिए ज़रूरी भी मानते होंगे। सुरजीत ने जब कहा कि हम इस सरकार के पहरेदार होंगे तो वे इस समग्र भूमिका परिवर्तन की बात ही कर रहे थे।

लेकिन सोमनाथ के लोकसभाध्यक्ष पद पर आसीन होने के और भी कई मायने हैं जिन्हें पढ़ा जाना चाहिए। चौदहवीं लोकसभा में वामपंथी मोर्चा कांग्रेस और भाजपा के बाद तीसरा सबसे बड़ा गुट है। सरकार को बनाए रखने में उसका समर्थन निर्णायक है और जब तक वाम मोर्चा सरकार को समर्थन देता रहेगा तब तक

इस सरकार का कोई बाल बाँका भी नहीं कर सकेगा। सो यह पहली सरकार है जिसे मजबूती देने वाले तत्त्व वामपंथी हैं। वे सरकार में सीधे शामिल नहीं हैं लेकिन वे सरकार में सरकार से ज़्यादा शामिल महसूस कर रहे हैं क्योंकि उनके दाँव ज़्यादा बड़े हैं।

जिस तरह पिछले पाँच-छह सालों में हिंदुत्ववादी सांप्रदायिक ब्रिगेड ने आधुनिक-प्रगतिशील जीवन मूल्यों पर हमले किए, उनका क्रूरतम दमन किया, उसका सबसे कड़ा प्रतिरोध वामपंथियों ने ही किया। यह सरकार उनकी भूमिका के बिना सेकुलर लाइन पर उस तरह से नहीं दिखती जिस तरह से अब दिखती है। पहली बार सेकुलर पदावली एजेंडा बनकर उभरी है। अनेक जनहितकारी बातें साझा न्यूनतम कार्यक्रम में वामपंथियों के दबाव से ही आई हैं। 'दबाव और समझौते' की बेहद तनावयुक्त नाजुक डगर पर कम्युनिस्टों को चलना है। परिस्थितिगत दबाव उन पर भी हैं। वे वक्त की नज़ाकत समझे हैं, संकोच को तोड़ा है, चुंगी मानसिकता को छोड़ा है। यदि आज जनता में व्यापक राहत का भाव और सरकार के टिकाऊ होने का भरोसा है तो यह वामपंथी सांसदों की बड़ी उपस्थिति के कारण तो है ही साथ ही लोकसभाध्यक्ष पद पर सोमनाथ के बैठने के कारण भी है।

इसका दर्द भाजपा को रहेगा। अटल जी ने यों ही नहीं कहा कि उनकी पार्टी 'दुश्मन' की पहचान नहीं कर सकी! कौन 'दुश्मन' हो सकता है? यदि उक्त कथन का अपना पाठ बनाएँ तो कम्युनिस्ट ही दुश्मन हो सकते हैं। हिंदुत्ववादी ब्रिगेड के समूचे साहित्य में सबसे ज़्यादा हमला कम्युनिस्टों पर ही होता है। शीतयुद्ध के खत्म हो जाने के बाद भी कम्युनिस्टों पर उनके हमले घृणा की सबसे निम्न पदावली में होते हैं। वे कम्युनिस्टों को 'गद्दार' कहते नहीं थकते। वे उन्हें 'विदेशी एजेंट' कहते नहीं लजाते। उनके कई अनुषंगी नेता तो मोहम्मद और मार्क्स को एक ही साथ रखकर अपने गहन ज्ञान का परिचय देते रहे हैं। उनके संघ के नायक ने पिछले दिनों कई बार कहा कि कम्युनिज्म तो खत्म हुआ और कम्युनिस्ट भी भारत में खत्म होने को हैं। हाय! वे कम्युनिस्ट ही इस कदर वापस आए कि अब सरकार के महत्त्वपूर्ण सहायक हैं!

भाजपा जिस दुश्मन को नहीं पहचान सकी वह यही 'दुश्मन' हो सकता है। कांग्रेस हिंदुत्व के लिए उतनी बड़ी चुनौती नहीं जितने कम्युनिस्ट हैं और अब वे इतने ताकतवर होकर उभरे हैं! भाजपा का यही दर्द है। दर्द गहरा है। कम्युनिस्ट उसके

निशाने पर हैं और रहेंगे, इसलिए एक कम्युनिस्ट का लोकसभाध्यक्ष पद पर दिखना एक बहुत बड़ा संदेश है जो इन तमाम तरह के कम्युनिस्ट विरोधी आरोपों को बेकार करता है। संकट के क्षणों में जब विधिक व्यवस्थाएँ देने की नौबत आती है तो लोकसभाध्यक्ष का पद किस तरह से महत्त्वपूर्ण हो उठता है इसकी अतिरिक्त व्याख्या की ज़रूरत नहीं।

इस तरह लोकसभाध्यक्ष का पद मूलतः तटस्थ होते हुए भी मामूली व्याख्याओं से इतिहास की धारा बदल सकता है। इसलिए भी यह पद निर्णायक है। एक मंत्रालय से ज़्यादा प्रतीकात्मक और निर्णायक। अधिक सम्मानित और प्रदत्त महिमायुक्त। बुर्जुआ जनतंत्र के ध्रुव पद की तरह है यह पद। कम्युनिस्टों का इसे स्वीकार करना इसीलिए जनतंत्र की मुख्य धारा में अपनी जगह बनाने की ओर एक कदम है। सिर्फ सत्ता का मामला नहीं है यह।

इतिहास में पहली बार नहीं है जब कोई कम्युनिस्ट बड़े पद पर रहा। दिवंगत कामरेड इंद्रजीत गुप्त भाजपा से पहले की सरकार में गृहमंत्री रहे। वे अपनी सादगी और सरलता के जरिए अलग से पहचाने जाते रहे। लेकिन उनका सरकार में शामिल होना कम्युनिस्टों को उतना फोकस में नहीं लाया जितना मार्क्सवादी कम्युनिस्ट पार्टी की लोकसभाध्यक्ष पद स्वीकार करने की आरंभिक झिझक। माकपा वामपंथी मोर्चे का सबसे बड़ा घटक है और लोकसभा में भी वह तीसरे नंबर का दल है। सरकार बनवाने में सुरजीत की भूमिका केंद्रीय रही है। माकपा का केंद्र में आना इसीलिए ज़्यादा ध्यान खींचता है।

सोमनाथ के लोकसभा अध्यक्ष पद ग्रहण करने के महत्त्व को दर्शाने वाला एक और कारण ज्योति बसु का संदर्भ है। कामरेड ज्योति बसु को जब प्रधानमंत्री बनने का प्रस्ताव दिया गया था तो माकपा ने ना कर दी थी। सोनिया के पद-त्याग के संदर्भ में गाँधी और जेपी का नाम तो सुनाई पड़ा लेकिन मार्क्सवादियों के त्याग को लोग भूल ही गए! उसे अब सुना जाना चाहिए कि कम्युनिस्ट ही रहे जिन्होंने सिद्धांत के लिए प्रधानमंत्री की कुर्सी ठुकरा दी और नीति की ख़ातिर बदली स्थितियों में लोकसभा अध्यक्ष का पद लिया।

लेकिन हमारे राजनीतिक टिप्पणीकारों ने कम्युनिस्टों को अपने विचार का विषय बनाया ही कब? शीतयुद्ध के लंबे दौर में मुक्त दुनिया के अलंबरदार अमेरिका-यूरोप ने कम्युनिस्टों को 'दानवों' की तरह ही दिखाया। सोवियत संघ के गिर जाने के बाद भी बुश जैसे महारथी कम्युनिस्टों को कभी-कभी उसी भाषा में याद कर लिया करते हैं जैसाकि सोवियत पतन से पहले करते थे। हिंदुत्ववादी

ब्रिगेड के संग कांग्रेस के भी एक वर्ग ने कम्युनिस्टों को इसी भाषा में याद किया है। शिक्षा के क्षेत्र से कम्युनिस्टों की 'सफाई' को लेकर मुरली मनोहर जोशी के पास तो मानो अमेरिकी तर्ज़ का मैकार्थी प्लान ही रहा जिसके जरिए उनका लक्ष्य ज्ञान के क्षेत्रों से कम्युनिस्टों को 'साफ' करना था। शीतयुद्ध के ये नए योद्धा एक पुरानी लड़ाई लड़ते हुए प्रायः कम्युनिस्टों को बंगाल की खाड़ी में फेंकने का नारा दिया करते थे।

अब भी अपना शेयर बाज़ार लगभग उसी शीतयुद्धीय मानसिकता का इज़हार कर रहा है जैसा ज्योति बाबू को न्यौते के वक्त किया था। जिस दिन कांग्रेस ने ज्योति बाबू को प्रधानमंत्री पद के लिए स्वीकार करने का संकेत दिया उस दिन मुंबई शेयर बाज़ार तो बैठा ही, न्यूयार्क का पूँजी बाज़ार भी कुछ खास अंकों से बैठ गया था। तब तो विदेशी पूँजी निवेश भी उतना नहीं था जितना आज है। मीडिया में कम्युनिस्टों को उसी शीतयुद्धीय पदावली में याद करने वाले बंदे अब भी शेयर बाज़ार की गिरावट को कम्युनिस्टों के एक-दो बयानों का परिणाम मानकर उन्हें खलनायक बनाने पर तुले दिखते हैं जबकि स्वयं अंबानी ने कहा कि कम्युनिस्टों से बाजार को कोई खतरा नहीं है और फिक्की के एक अधिकारी ने पहली गिरावट के बाद कहा था कि पश्चिम बंगाल में कम्युनिस्ट आर्थिक सुधार के कार्यक्रम चलाने में आगे हैं। वे बदल रहे हैं और हमें ज़्यादा परेशान होने की ज़रूरत नहीं है।

इस 'दुश्मनी' का कारण यह है कि बाजार अभी भी उसी शीतयुद्धीय मानसिकता में है जिसमें अमेरिकी रिपब्लिकन पार्टी है या थेचरवाद पर पले-बढ़े बच्चे रहे हैं। चीन के अनुभव के बाद भी वे प्रायः अपने डर को निकाल नहीं पा रहे क्योंकि वे भी पुराने ढंग के पूँजीपति हैं। सोमनाथ का लोकसभा अध्यक्ष होना एक गलतफ़हमी को नरम कर सकता है। वह कम्युनिस्टों का नया चेहरा है। थोड़ा मध्यवर्गीय, थोड़ा गृहस्थ, कानून का पाबंद और जिम्मेदार, जैसे घर का कोई बड़ा बुज़ुर्ग हो जो सबकी परवाह कर सकता हो। सोमनाथ की उपस्थिति सहज ही सबके लिए आश्वस्तकारी है। एक अपनापन है उसमें।

एक कम्युनिस्ट का आश्वस्तकारी होना बड़ी बात है। बाज़ार बहुत देर तक कम्युनिस्टों की अनदेखी नहीं कर सकता। खासकर तब जब वे ऐसा मोर्चा देने

की गारंटी रहे हैं जो शर्तें नहीं तोड़ता और तोड़ने भी नहीं देता। अपने हस्तक्षेपों से वे बहुत से जनहितकारी दबाव बना सकते हैं। यही इस वक्त की 'सोशल डेमोक्रेसी' है जिसकी हिफ़ाजत के लिए उन्हें काम करना है।

हाँ, जिस तरह बाज़ारी शक्तियों को उनके बदले स्वभाव को समझना है उन्हें भी चीन की पार्टी की तरह निजी देशी-विदेशी पूँजी और वैश्विक बाजार के स्वभाव को समझना होगा। बुर्जुआ जनतंत्र को उपयुक्त मानवीय चेहरा देना होगा। कामरेड का लोकसभाध्यक्ष होना चुंगी मानसिकता से अखिल भारतीय होने की मानसिकता की ओर आना है। मार्क्सवादियों के लिए भी इसके जटिल सबक और जोखिम हैं। सोशल डेमोक्रेसी उनके गले आन पड़ी है। उसके पाप-पंक में डूबना-उतरना है और निष्कलंक रहना है। सत्ता बंदूक की नली से नहीं निकलती। सत्ता अब बुर्जुआ गठबंधन की गाँठ में रहती है। नए विश्व पूँजीवाद में किसी भी तरह की ज़िद व्यर्थ है। बुद्धदेव भट्टाचार्य का 'व्यावहारिक मार्क्सवाद' ही व्यावहारिक है। कामरेड लोकसभाध्यक्ष उसी के प्रतीक हैं।

जनसत्ता : 11 जून, 2004

किसान बदल गया, आप भी बदलिए

प्रसिद्ध उपन्यासकार जगदीशचंद्र के एक उपन्यास का शीर्षक है 'कभी न छोड़ें खेत', जिसके किसान प्रॉपर्टी के लिए दिन-रात लड़ते हैं। यह कहानी चार-पाँच दशक पहले की है।

इन दिनों भी खेत को लेकर इसी तरह का विमर्श नज़र आता है। वह भी प्रॉपर्टी के सौदे के लिए हो रहा है। यह फ़कीर मोहन सेनापति या प्रेमचंद के उपन्यासों का हर वक्त लुटता-पिटता, दया की भीख माँगता किसान नहीं है। यह ग्लोबलाइजेशन वाला किसान है, जो ज़्यादा सूचित, ज़्यादा बाज़ार सजग और चंट है। दादरी से लेकर सिंगुर-नंदीग्राम या फिर आने वाले दिनों में महाराष्ट्र या गुजरात का स्पेशल इकनॉमिक जोन वाला किसान नए इकनॉमिक जोन में अपनी ज़मीन का बेहतर से बेहतर सौदा माँग रहा है। बाज़ार की दुनिया में यह बुरी बात तो नहीं।

किसान के समकालीन विमर्श की कमजोरी यह है कि अब तक उसमें विदर्भ में आत्महत्या करने वाले किसानों की चर्चाएँ होती आई हैं, लेकिन यह नया किसान उसी किसान का पलट पहलू है, जो थोड़ा प्रतिरोधात्मक है और जिसके तेवरों से लगता है कि वह खेत छोड़ने वाला नहीं है। खेत यानी ठोस प्रॉपर्टी, जिसके दाम लगातार बढ़ रहे हैं।

कुछ लोग अभी तक किसान को 'ज़मीन से जुड़ा' समझ रहे हैं और विकास को किसान के बरक्स खड़ा किए दे रहे हैं, जबकि सब जानते हैं कि किसान और किसानी ने विकास में फॉरवर्ड भूमिका कभी नहीं निभाई। ऐसे में यह देख अद्भुत लगता है कि बहुत सारे पढ़े-लिखे अंग्रेज़ीदां शहरी लोग उसे मासूम धरतीपुत्र मानकर चल रहे हैं। पते की बात नोबेल विजेता मोहम्मद यूनुस ने कही कि कृषि

बेरोज़गारी दूर करने का तरीका नहीं हो सकता। तेज विकास के लिए औद्योगीकरण ज़रूरी है। वह स्पेशल इकनॉमिक जोन बनाने से हो सकता है। हाँ उनके पुनर्वास व समुचित मुआवजे की व्यवस्था की जानी चाहिए।

किसान कह रहे हैं कि वे अपनी ज़मीन का ठीक सौदा करना चाहते हैं। उन्हें लगता है कि सरकारों ने उनसे औने-पौने दाम पर ज़मीन ले ली है और सेठों को बेची है। जिस ज़मीन के वे मालिक हैं उसे सीधे बेचने का हक उन्हें है। सरकार बीच में कौन होती है? तर्क एकदम ग्लोबल खुले बाज़ार का तर्क है। इससे किसान के बदलते मिज़ाज का पता चलता है, जिसका अभी तक शहराए ग्लोबल दिमागों को पता नहीं है। वे किसी अपराध बोध के एजेंडे के तहत अपने ही दो-चार पीढ़ी पूर्व के गाँव के किसान को दयनीय मान पूजने लगते हैं। यह सौदे का मामला एकदम ग़रीबी की रेखा के नीचे वाले किसान का नहीं है। यह खेत के मालिक का है, चाहे उसकी जोत छोटी ही क्यों न हो। खेत इस विकास और बढ़ते बाज़ार में एक बढ़ते दामों की प्रॉपर्टी है और वह उसका मालिक। सरकार बीच में कौन होती है?

यह वह केंद्रीय सवाल है, जिसे एक बार स्वयं पूर्व प्रधानमंत्री वी.पी. सिंह ने तब उठाया जब ममता सिंगुर को लेकर अनशन पर थीं और वे उनसे मिलने गए थे। उनके कहने का आशय यही था कि खरीदने-बेचने वाले के बीच सरकार को नहीं आना चाहिए। अब तक सरकार बिचौलिए का काम करती आ रही है। पूरे औद्योगीकरण के दौरान यही हुआ। इसका भी कारण रहा। एक औद्योगिक नगर या केंद्र स्थापित करने के पीछे एक इंफ्रास्ट्रक्चर बनाना होता है। पूँजीपति सब खरीद ले, लेकिन यह नहीं कर सकता। करेगा तो घाटे में रहेगा। यह विकास का पुराना संकल्प था। सरकार विकास के लिए उद्योग लगाने के लिए उद्योगपति को अतिरिक्त सुविधाएँ दिया करती थी। बाद में समाजवादी विकास नीति में इसे कंट्रोल्ड विकास की तरह देखा गया, ताकि सरकार विकास की मालिक रहे। ज़मीन के सौदे में सरकार एक जरूरी बिचौलिए का काम इसलिए करती है कि वह एक फेसिलिटेटर की तरह होती है।

ज़मीन हर कहीं विभक्त और प्रायः लिटिगेटेड प्रॉपर्टी होती है। एक लाख हेक्टेयर ज़मीन के हजारों में मालिक होंगे। कोई सच्चे मालिक होंगे, कोई एब्सेंटी होंगे। ज़मीनों को लेकर अनंत केस चल रहे होंगे, यानी कि बहुत सी ज़मीन बाजार में सीधे बिकने लायक नहीं होगी। नए इकनॉमिक जोनों में सरकार का हस्तक्षेप लेने वाले को और देने वाले को इस सारे टंटे से मुक्त कर देता है, क्योंकि विकास

के नाम पर बहुत से केस अपने आप किनारे हो लेते हैं। यही कारण है कि आज भी खरीदने वाला और बेचने वाला एक बिचौलिए की ज़रूरत समझता है। इसके लिए सरकार से बेहतर कोई नहीं हो सकता।

स्पेशल इकनॉमिक जोन की व्यवस्था जो अभी रोक ली गई, इसी तरह की व्यवस्था है और इस इकनॉमिक जोन में आने वाली ज़मीन कोई भावुक प्रतिभूति नहीं है, वह एक प्रॉपर्टी है। किसान अब उस तरह का भावुक प्राणी नहीं है जैसा साहित्य में दिखता है। यह वह किसान नहीं, जो ज़मीन से हर हाल में जुड़ा रहना चाहता है। शहराती को किसान का ज़मीन प्रेम इसलिए ज़्यादा नज़र आता है कि वह शहरी बेगानेपन में मजदूर बनकर खोने में देर लगाता है।

अगर यह किसान एक नया लाभ-हानि को सोचने वाला किसान है, तो हमें उसके बदले पैराडाइम में सोचने को तैयार रहना चाहिए। हम बंगाल की बात करें जिसके बारे में वहाँ की सरकार इसलिए रक्षात्मक है कि वह खुद इस खेत पूजन के नारे में पलटी मारकर फँसी है। पिछले ही चुनाव में ऐसी रिपोर्टें आई थीं कि बंगाल के किसान के पास अब काफी डिस्पोजेबल इन्कम हैं। यह बंगाल के कृषि सुधार का परिणाम है, लेकिन एक असफलता वाम मोर्चे की यह रही कि किसान की इन्कम बढ़ाने के बाद आने वाले बदलावों की व्यवस्था उसने नहीं सोची और सीधे स्पेशल इकनॉमिक जोन में निकल गई। एक ओर ग्लोबलाइजेशन का किंतु-परंतु के साथ विरोध और दूसरी ओर अपने ही घर में किसानों को बेज़मीन करते जाना एक मजेदार अंतर्विरोध रहा। पॉलिटिकल पॉपुलिज्म के हल्ले में सिंगुर में उपजाऊ ज़मीन न देने या नंदीग्राम में उचित मुआवज़ा न देने को लेकर आंदोलन हुए। अब बरनाला और करनाल में माँग हो रही है कि उचित मुआवजा मिले।

ग्लोबलाइजेशन और ओपन मार्केट ने सबके दाम लगा दिए हैं, तो किसान कैसे संतुष्ट रहे। स्पेशल इकनॉमिक जोन के कारण विस्थापन को पूरी तरह संबोधित किया जाना चाहिए। एक सोच कैबिनेट का बन रहा है, जिसके अनुसार विस्थापितों को मकान, नौकरी और शेयर आदि की पेशकश संभव है। एनजीओ को भी सोचना होगा और विपक्ष को भी कि आप विकास के साथ हैं या नहीं।

6 फरवरी, 2007

नंदीग्राम की बहस से कुछ तो निकले

उत्तर-नंदीग्राम समय में मार्क्सवादी पार्टी ने नतीजा निकाला है कि 'स्पेशल इकनॉमिक ज़ोन' यानी सेज़ के लिए तब तक कोई कार्रवाई नहीं होनी है जब तक कि देश भर के लिए कोई व्यापक ठोस नीति नहीं तय हो जाती। महासचिव प्रकाश करात ने इसके साथ एक बेहद ज़रूरी बात कही है कि जो लोग समझते हैं कि बंगाल औद्योगीकरण के रास्ते से हटेगा, वे निराश ही होंगे, यानी औद्योगीकरण होगा, साथ ही किसान हितों की रक्षा भी की जाएगी। प्रकाश ने नंदीग्राम में लोगों की मौतों को कष्टकारी, अफसोसनाक और दुर्भाग्यपूर्ण कहा है।

तो भी नंदीग्राम की बहस शांत होती नहीं दिखती। इस बहस की सार्थकता तभी है जब वह सिर्फ नंदीग्राम या सीपीएम की पिटाई के जरिए परपीड़न सुख लेने की जगह व्यापक राष्ट्रीय मुद्दों को छुए और आसन्न तेज गति औद्योगीकरण की प्रक्रिया के बारे में कुछ ठोस बात निकाले।

बहस करने वालों में भाँति-भाँति के लोग शामिल हैं। कुछ ऐसे हैं जो सीपीएम की किसी भी बात का भरोसा नहीं करना चाहते। वे सिर्फ बुद्धदेव भट्टाचार्य का इस्तीफा चाहते हैं, जबकि यह इस बहस का एक तथ्य है कि सीपीएम के भी कार्यकर्ता अन्यों की हिंसा के शिकार हुए हैं। कुछ ऐसे हैं जो समाजवादी मुलायम, लालू, नीतिश और पासवान के सिद्धांत-व्यवहार की खाई पर बात न करके सिर्फ सीपीएम के सिद्धांत-व्यवहार की खाई उसी अंदाज़ में दिखाते हैं जिस तरह शीतयुद्ध काल में 'फ्री वर्ल्ड परस्त' दक्षिणपंथी दिखाया करते थे। तीसरा मत उनका है जो 'सिलेक्टिव मानवाधिकारवादी' हैं और सीपीएम के शासन को हर वक़्त शंका की नज़र से देखते हैं, लेकिन जो छत्तीसगढ़ में माओवादियों द्वारा मार डाले गए 55 पुलिस कर्मियों के मानवाधिकारों को ज़रूरी नहीं मानते। कुछ ऐसे भी अतिपंथी हैं जो सेज़ मात्र के विरोधी हैं। वे किसी पूर्व औद्योगिक समय को बनाना चाहते

हैं, माओवादी-नक्सल किसान क्रांति को केंद्र में रखना चाहते हैं, जबकि चीन ने उस रास्ते में समय रहते सुधार करके बुर्जुआ जनतांत्रिक क्रांति का मार्ग अपना लिया है। कुछ स्वयंशिल्पित वामपंथी, गाँधीवादी, लोहियावादी, एनजीओ आदि हैं जो विकास के शब्द को ही शंका की नज़र से देखते हैं। जाहिर है कि ये सत्तामूलक स्पर्धात्मक विमर्श हैं। इस होड़ में सब दाँव चल सकते हैं, लेकिन जनतंत्र की दुहाई तभी सही है जब विपक्ष भी जनतंत्र पर रहे।

यह महत्त्वपूर्ण है कि औद्योगीकरण पर बहस होने लगी है, हालाँकि यह बेहद अफसोस की बात है कि वह इतनी हिंसा के बाद हो रही है। जब बुद्धदेव ने सलेम कंपनी के निवेश को लेकर बहस की पहल की थी, तब पार्टी के भीतर असमंजस था और बाहर चुप्पी। निश्चय ही मौजूदा बहस से सीपीएम को लाभ होने जा रहा है, क्योंकि सारी बहस का निचोड़ अब तक यही है कि तेज़ औद्योगीकरण का एजेंडा बुनियादी है, उसे लागू करने की प्रणाली के बारे में मतभेद हो सकते हैं। मसलन, सरकारों द्वारा ज़मीनों का अधिग्रहण किया जाए कि नहीं? मुआवज़े क्या हों? पुनर्वास किस तरह हो? सरकार बीच से हट जाए और सीधे सौदा होने दे? नियम किस तरह से फूलप्रूफ बनें कि सेज़ का अन्य कामों के लिए दुरुपयोग न हो?

यदि सरकार अधिग्रहण से अलग हो जाती है और फ्री मार्केट नियम लागू हों, तब सरकार की भूमिका क्या रहेगी? पुनर्वास और बेहतर मुआवज़े की बात तभी तक माँग का रूप ले सकती है जब तक सरकार बीच में है। वह हट गई तो उसकी भूमिका या तो शून्य होगी या सिर्फ चौकीदार की। तब क्या नीति अपनाई जाए?

सीपीएम का अपना काडर भी इन दिनों कनफ्यूज़न में है और सिंगुर-नंदीग्राम पर प्रतिरक्षात्मक आचरण करता है। शायद वह पार्टी के कार्यक्रम की मूलभूत समझ को भूल गया है। कार्यक्रम 'पीपल्स डेमोक्रेटिक' चरण को पूरा करने का है। इसका एक बड़ा कार्यभार भूमि सुधार करना है, जो बंगाल में किए गए हैं और जिनकी वजह से किसानों की आय इस लायक हुई है कि वे अब सिर्फ खेती की नहीं सोचते। वे बदले हैं और शहरीकरण में आना चाहते हैं। अब पार्टी का लक्ष्य जनतांत्रिक क्रांति के अन्य कार्यभारों को पूरा करना है। मार्क्सवादी वर्गीय पदावली में 'जनता का जनतांत्रिक कार्यक्रम' मूलतः एक बुर्जुआ कार्यक्रम ही है, कोई सर्वहारा वाला सीधे समाजवादी कार्यक्रम नहीं। उत्तर सोवियत काल में तो यह और भी सच साबित हो रहा है कि सीपीएम का यह कार्यक्रम समाजवाद-पूर्व की क्रांति के लिए जनतांत्रिक

कार्यभार पूरा करने के लिए है। वर्गीय पदावली में इसे सारतः बुर्जुआ जनतांत्रिक कार्यक्रम ही कहा जाता है। उत्तर सोवियत काल में कम्युनिस्टों ने विचारधारात्मक नतीजों को जिस तदर्थवादी तरीके से निकाला है उसका दंड यह है कि बुर्जुआ जनतांत्रिक कार्यक्रम को ही समाजवादी परचम लहराने वाला समझ लिया जाता है। इसी का नतीजा है कि स्टॉक मार्केट बुद्धदेव के औद्योगीकरण के नारे को 'ब्रैंड बुद्धा' के रूप में इस तरह आगे करता है मानो बुद्धदेव मार्क्सवाद छोड़ने वाले हों। ऐसा नहीं है। वे ज़्यादा-से-ज़्यादा एक बुर्जुआ डेमोक्रेटिक क्रांति के कुछ चिह्नों को ही छू पा रहे हैं, क्योंकि बाकी का बुर्जुआ एजेंडा तो कांग्रेस अपने ढंग से पूरा करती है। कांग्रेस को सीपीएम का समर्थन सिर्फ इसलिए नहीं है कि वह सांप्रदायिकता से लड़ने वाली कोई भरोसेमंद शक्ति है, बल्कि इसलिए भी है कि उत्तर सोवियत काल में सीपीएम ने बुर्जुआ वर्ग की शक्ति को मन ही मन माना है, भले काग़ज़ पर न माना हो।

कृषि समाज जब भी औद्योगिक समाजों में बदले हैं, तब-तब ज़मीन की भूमिका बदली है। किसान बदले हैं। तीखी प्रतिक्रियाएँ हुई हैं। नंदीग्राम या सिंगुर की प्रतिक्रियाएँ जनतांत्रिक चरण के सहज अंतर्विरोध हैं, जिनका राजनीतिक लाभ उठाने के लिए माओवादी, सीपीआई, नक्सल, टीएमसी, कांग्रेस, बीजेपी, जमाते इस्लामी, कुछ गाँधीवादी-लोहियावादी, कुछ एनजीओ, कुछ वामपंथी बुद्धिजीवी स्वाभाविक रूप में एकजुट हुए हैं। वे अभी तक कृषि क्रांति के उसी पिछड़े एजेंडे में अटके हैं। वे जनतांत्रिक क्रांति के कार्यभारों को उनकी समग्रता में नहीं समझ सकते।

एक मायने में इस विरोध ने सीपीएम का उपकार ही किया है। बुद्धदेव सीपीएम के औद्योगीकरण के नारे के ब्रैंड बनकर उभरे हैं और पार्टी में उनकी लाइन को लेकर यहाँ-वहाँ बचे एतराज़ ठंडे हो गए हैं। ज़ाहिर है, आप अपने भीतर-बाहर उत्तर-औद्योगिक वक़्त के बुनियादी बदलावकारी मुद्दों पर बहसें नहीं करते, तो हालात आपको अपनी बनाई बहसों में घसीट ले जाते हैं।

नवभारत टाइम्स : 31 मार्च, 2006

जाम में फँसी एक छोटी सी कार

कुछ ही दिन पहले चीन के सुपर हिट कामरेड हू चिन थाओ ने भारतीय लेफ्ट से कहा है कि कामरेडो ज़माना बदल गया है, थोड़ा राइट हो जाओ, राइट हैंड ड्राइव कर लो। कार चलती रहेगी। विकास की मंजिल पर वक़्त से पहुँच जाओगे। विकास की सड़क पर जाम नहीं लगेगा।

अपने लेफ्ट हैंड ड्राइव की पुरानी आदत एक नसीहत से भला कहाँ जाने वाली? ग्लोबलाइजेशन और उत्तर-आधुनिकता इत्यादि कितने दिनों से विनती करते रहे कि भैया कामरेड थोड़ा नरम हो जाओ, इतना गरम मिज़ाज भेजे का तेल निकाल देगा। ब्लड प्रेशर कुकर की तरह फटफटा जाएगा। चीन का फटते-फटते बचा है। सोवियत चेता नहीं तो फट गया। चौका-चूल्हा तक नहीं बचा। चिन थाओ ने कहा था कि क्रांति को जरा देर के लिए पीछे की सीट पर लिटा दो, आराम की ज़रूरत है। मगर पुरानी दीक्षा, सत्तर साल की टेक कहाँ जाए? संस्कार ठहरे, कहाँ से बदलते। काफी अरसे से बुद्धदेव लगे रहे कि थोड़ा बदलना है, लेकिन अन्य कामरेड मानें तब न। ये बदलने की कहें तो वे न बदलने की जिद करें। पार्टी के भीतर विचार का धाराप्रवाह संघर्ष इसी तरह होता रहा, जो कभी प्रोमो, कभी फुल सीन में सामने आता रहा। जब बुद्ध ने सलेम प्रोजेक्ट की बात चलाई तो कहा कि यह बहुराष्ट्रीयतावादी होना है। अपुन देश की माटी के बने हैं, यह ठीक नहीं। टाउनशिप लेके क्या करना है। बंगाल अपने अतीत से जीता है, उसे मिटने न देगा। उसी में रहना ठीक है। मगर पुराने लोगों के नए बाल-बच्चों को अमेरिका और ग्लोबलाइजेशन ने नए शौक लगा दिए हैं। वे बाहर की ओर देखने लगे तो बुद्ध ने सच को समझा, लाइन दी कि नया विकास चाहिए, तेज़ चाहिए। अगर पूँजी निवेश नहीं हुआ तो बंगाल अफ्रीका का देश बन जाएगा।

कार की बात इसलिए की थी कि टाटा सामने आए थे। चुनावी जीत की गरमी में सब ठीकठाक रहा, लेकिन लेफ्ट ड्राइव की आदत फिर आड़े आ गई। अपने ही कामरेड मोर्चा खोल बैठे। देखते-देखते जाम लगा दिया। टाटा की जो इंडिका-सूमो कहीं नहीं रुकतीं, वे सिंगुर नामक इलाके के गाँवों में जाम में फँसी खड़ी हैं। पिचानवे फीसदी किसानों ने मुआवजा लेकर कहा गाड़ी आगे ले जाओ बाबू मोशाय! हमें जाम से मतलब नहीं है, लेकिन विरोध और मोर्चा का कल्चर कहाँ पीछा छोड़ता? वही आड़े आ गया, डबल जाम लग गया। पाँच फीसदी किसान सड़क पर अटक गए। कुछ एनजीओ की दैवी-प्रेरणा-करुणा ने अटका लिए कि गाड़ी परमिट बिना यहाँ से तो हरगिज नहीं जाएगी। ममता जी ने अपना तिनका तोड़ आमरण अनशन व्रत ठान डाला। तब से बुद्धदेव गाड़ी लिए खड़े हैं और चारों ओर जाम लगा है।

गाड़ी की बात जब-जब उठी है, जाम लगे ही हैं। जाम लगाने के बाद थोड़ा विरोध करने के बाद गाड़ी आई है। अब भी यही होगा, लेकिन जरा विरोध का मनोरंजन सीन देकर। मामला बिमल राय की दो बीघा ज़मीन का है न! फिल्म में बलराज साहनी की ज़मीन कारख़ानेदार ने ले ली थी, जिसे वह कलकत्ता में रिक्शा खींचकर अपनी कमाई जमा करके भी वापस नहीं ले पाया था। ज़मीन का मोह गोदान के होरी को भी ट्रैजिक कर चुका है। वह विकास की सड़क बनाते-बनाते मरा था। उसका बेटा गोबर सड़क से शहर में जाकर बच गया।

अब बिमल राय की दो बीघा ज़मीन के उसी बलराज साहनी के बेटे के बाल-बच्चों को, गोदान के होरी के बेटे गोबर के बच्चों को पब्लिक स्कूल, अंग्रेज़ी, पिज्जा, मारुति चाहिए, टाटा की छोटी गाड़ी चाहिए, विदेश चाहिए, तो पुरानी आदत, विरोध की कल्चर की आदत फिर जोर मार रही दिखती है। बैलगाड़ी या प्रिय भैंसागाड़ी की चूँ चरर मरर नामक प्रगतिशील कविता के मोहपाश में बँधी प्रगतिशील संवेदना जर्जर मानव को सिंपेथी वेव के लिए ज़रूरी समझती है। विकास की सड़क पर आँसू इसी मोड़ पर जाम लगाते रहे हैं।

जाम एक बार और लगा था। हुआ यूँ कि इंदिरा जी के सुपुत्र संजय को कार प्रिय थी। एक छोटी कार मारुति उनके सपने में टेस्ट ड्राइव में भा गई थी। भारी भरकम अंबेसडर हाथी की तरह चलती है, संजू बाबा की नई पीढ़ी को जमती नहीं थी। बूढ़े मंत्री-संत्री लोग उसमें चला करते थे। सड़क के सीन में भारत पिछड़ा लगता था। लोगों के पास अपनी कोई छोटी गाड़ी तक नहीं थी। अमेरिका में एक हॉलिवुड फिल्म बनी, जो प्रगतिशील कहलाई। नाम था 'अ स्ट्रीट कार नेम्ड डिजायर'।

प्रगतिशील समीक्षकों में बड़ा नाम कमाया। कामना की कार का रूपक था, विकास का रूपक था, ग़रीब का सपना था। सपना इधर भी था। संजय बाबा एक स्ट्रीट कार ही चाहते थे, जिसे लोग आसानी से चला सकते। बन जाती तो लोग आराम से आते-जाते। इतना सा किशोर वय का निश्छल सपना था। संजय के सपने को लेकर इंदिरा जी को बड़ा बवाल झेलना पड़ा। संजय अकाल कवलित होकर चले गए। सरकारें बदल गईं, लेकिन उसका सपना बना रहा। देर से सही, मारुति कार आई, मारुति क्रांति हुई। आवागमन में मिडल क्लास फर्राटा मारने लगा। तब हरियाणा आगे आया। थोड़ी ज़मीन दी। कारख़ाने नहीं, असेंबली भर के लिए जापानी कंपनी आई। कारें असेंबल होने लगीं। इन दिनों तो कई ग्लोबल ब्रैंड हैं। सड़कों पर और अब लोग नहीं, कारें ही जाम लगाती हैं।

मार्क्सवादी बुद्ध का भी सपना रहा। कार सपने में आई होगी। बंगाल ने कार के बारे में सोचा तो आ गई, लेकिन समस्या ये रही कि मार्क्सवाद और कार के बीच कल्चरल कंट्राडिक्शन अटक गया। समाजवाद में पूँजीवाद का पौधा नहीं पूरी कार आ जाए और विरोध न हो, ये मुमकिन नहीं। बुद्धदेव ठहरे नाटककार। उन्हें नाटक में एक कार का सीन डालना जरूरी लगा, तो हंगामा हो गया।

कार सबको चाहिए। किसान को भी चाहिए, मगर विरोध भी चाहिए। बिना विरोध के कार आ गई, तो विरोध की राजनीति का क्या होगा? इस धरती से विरोध की राजनीति ख़त्म हो गई तो प्रलय न आ जाएगी? विकास की बात होगी तो उसके विरोध की बात होनी ही चाहिए। बस वही हो रहा है। कार सबको चाहिए, बंगाल को चाहिए, तिनके-तिनके को चाहिए, लेकिन विरोध भी चाहिए।

इस कल्चरल अंतर्विरोध का तोड़ विचार की आठ लेन की सड़क ही कर सकती है। मार्क्सवादी पार्टी और बुद्धदेव जरा सड़क विचार कर लेते तो कार जाम में न फँसती।

नवभारत टाइम्स : 15 फरवरी, 2007

मनमोहनोमिक्स उर्फ सखा पूँजीवाद

इकनॉमिक्स की तरह मनमोहनोमिक्स भी एक ऐसा मिक्स है, जिसमें एक सरकार है, एक फ्री बाजार है, फ्री अमीरी है, फ्री ग़रीबी है और वक्त-वक्त पर सबको दो-दो आँसू, दो-दो ताली भी फ्री होती हैं। मन और मोहन दोनों का मिक्स इसी तरह जब-तब भाषणों में बनता-छनता रहता है। मन और मोहन दोनों के बीच ही ऐसा मनभावन आवन-जावन है कि अंतरंग-सखा-पूँजीवाद कब मनी का और मन का 'मोहनभोग' लगाने लगता है, कब-कब मनी की बनी-ठनी जी को थोड़ा नसीहत देने की क़वायद होने लगती है, पता नहीं चलता। यह पूँजी का सत्ता से सखा भाव है। 'तू मेरा चाँद मैं तेरी चाँदनी' वाला सीन होता है। 'सखा' से संवाद इसी तरह होता है। अंग्रेज़ी में इसे 'क्रोनी कैपीटलिज़्म' कहते हैं। 'किरानी कैपीटलिज़्म' का थोड़ा पल्लवित रूप!

और चूँकि यह देश गरीबों का है, सो है। वामपंथी गरीबों की बात करते ही रहते हैं सो भैया थोड़ा-थोड़ा उनके लिए भी लाइन डालनी पड़ती है। उनके लिए कुछ बातें हमेशा कहते रहना चाहिए। ऐसा सब कहते हैं सो कहनी पड़ती हैं। साल में तीन सौ पैंसठ दिन में से ऐसी बातें हर दूसरे दिन ही कहनी पड़ती हैं।

मनमोहन जी प्रख्यात माइक्रो इकनॉमिक्स वाले बंदे हैं। पीएम पद पर उन्हें तीन साल हो गए हैं। वे अपनी गद्दी का सालाना जश्न सादगी से ही मनाते आए हैं। इस बार सादगी कन्फैडरेशन ऑफ इंडिया इंडस्ट्रीज के हॉल में एक भाषण देकर मनाई। उसी के नए चेयरमैन सुनील भारती मित्तल जी भी नए-नए बने थे। वे भारत में मोबाइल सूचना तकनीक क्रांति के एक बड़े पुरस्कर्ता हैं। भाषण एक प्रकार से उनका स्वागत जैसा भी कहा जा सकता है।

हम इसे टीवी पर देखते हुए ही कह रहे हैं क्योंकि ऐसी बड़ी सेठ सभाओं

में हिंदी के मामूली लेखक भीतर जाकर तमाशा नहीं ही देख सकते। अंदर की बात बड़े धंधे पैसे की बात होती है। हिंदी में समझ में ही नहीं आती। बातें इशारों में चलती हैं। मसलन, जब कहा जाए कि देश तरक्की कर रहा है तो शेयर मार्केट की तरक्की से मतलब होता है। जब कहा जाए कि रुपया मजबूत हो रहा है तो उसका मतलब इंपोर्ट के संदर्भ में डॉलर के बरक्स होता है। अजी बड़ा ही टेढ़ा काम ठहरा। इकानॉमिक्स की व्यंजनाएँ साहित्यिक व्यंजनाओं से नहीं समझी जा सकतीं। ये ग्लोबल होती हैं और साहित्य के ऊपर से निकल जाती हैं। यही बात 'सखा पूँजीवाद' यानी 'क्रोनी कैपीटलिज़्म' की परिभाषा की है।

यों तो पीएम जी ने कोई दस बातें नसीहत की दीं कि देश के सेठों को क्या करना चाहिए। मीडिया को क्या करना चाहिए और ग़रीबों को किस तरह देखना-दिखाना चाहिए। इत्यादि-इत्यादि। लेकिन उनकी असल चिंता यही थी कि इस बढ़ती अमीरी का क्या करें और उसके संग-संग बढ़ती ग़रीबी का क्या करें?

पीएम होने के नाते वे अमीरी-गरीबी के आपसी रिश्तों के बीच कोई हस्तक्षेप तो करने से रहे लेकिन इतना तो किया ही जा सकता है कि अमीर-ग़रीब संवाद के बारे में कुछ कह दिया जाए। अमीरी को ग़रीबी के ख़तरे दिखा दिए जाएँ और सावधान कर दिया जाए कि अमीरो, अगर अमीरी रखनी है तो उसका नंग नाच न करें। उसे दबा-छिपाकर रखें नहीं तो ग़रीबी की 'नज़र' लग जाएगी और फिर. ..एक सखा अपने अंतरंग सखा को आने वाले ख़तरों की चेतावनी न दे तो क्या करे?

उनका चेतावनी भाषण सुना, फिर अख़बारों में उसे पढ़ा, उस पर टिप्पणियाँ देखी-सुनीं तो अपना पाठ कुछ इस तरह बना : पीएम जी कह रहे थे कि देश में अमीरी बढ़ी है। उनकी नीतियों के कारण बढ़ी है। अमीरी उनका बेबी है। आप अमीर हैं लेकिन मीडिया आपके यानी अमीरों के उस पंच सितारा उपभोग के बारे में अति महँगी मोटी शादियों के बारे में, विलासी जीवन के बारे में अक्सर दिखाता रहता है तो उसे देख-देख ग़रीब आदमी को ईर्ष्या हो सकती है।

यह ईर्ष्या क्रोध में, क्रोध असंतोष में और उन्माद में, उन्माद विद्रोह में बदल सकता है। इसलिए प्रिय मित्र अमीरो मित्र-ग़रीबों के असंतोष को मत जागने दो। उसे जगाने वाले तत्त्व 'अमीरी' ज़्यादा दिखाकर मत चलो। उसे छिपाकर रखो। बड़े

कॉरपोरेशनों के बड़े एक्जीक्यूटिव अपनी मोटी तनख़्वाहें जरा कम कर लें। 'विशिष्ट उपभोग' यानी अति महँगे खाने-पीने से बाज आएँ। ग़रीब जनता ऐसी छवियाँ देख-देख असंतोष महसूस करती है उसमें ईर्ष्या-द्वेष बढ़ सकता है और एक दिन...हमारे पाठ में ये जो 'और एक दिन...' आ गया है। यह उनके 'सखा भाव' के विचारों की उन ध्वनियों से बना है जो उन्हें अमीरी को सुनानी थी। सुना दी।

मगर अगले ही दिन सखा सुनील भारती मित्तल जी ने फरमा दिया कि जी! अपने अधिकारियों की सेलरी कम करना उचित नहीं क्योंकि हमें तो बेस्ट से बेस्ट लेना है और उसे तभी ले सकते हैं जब उसे तीन-चार करोड़ की सेलरी दें वरना तो 'ब्रेन-ड्रेन' होना ही है जी! प्रतिभाशाली 'दिमाग़' अमेरिकी पतनाले में बह जाएगा।

अब सखा पीएम जी क्या करें? रंगा मज़बूर न हो तो क्या हो? वे तो सखा पूँजीवाद को गाँधीगीरी से निपटाने के चक्कर में थे। फिल्म 'लगे रहो मुन्नाभाई' में मुन्नाभाई जब सर्किट से गाँधी के बारे में पूछता है तो गाँधी का टपोरी-विद्वान सर्किट कहता है : भाई वो है न 'हृदय परिवर्तन हृदय परिवर्तन' और 'अहिंसा' बोले तो 'विनम्र विनम्र'...

तो पीएम जी अमीरों के हृदय परिवर्तन की बात कर रहे थे। हृदय परिवर्तन का इतिहास इस पूँजीवादी सखा-बाज़ार में जरा उल्टा चलता है। ऐसी बातें हर महापुरुष ने पहले की हैं। इतिहास बताता है कि जब-जब की हैं तब-तब अमीरों ने खूब तालियाँ बजाई हैं और ताली बजाते-बजाते और अमीर होते गए हैं। ग़रीब ताली बजाते-बजाते गरीब होते गए हैं। हृदय वहीं का वहीं रहा है। वह या तो धड़का है या फिर जल्दी से धड़-धड़ करता 'बंद' हुआ है परिवर्तित होता नहीं दिखा।

शायद इसीलिए पीएमजी का ये भाषण पढ़-सुनकर 'गुरु' फिल्म की याद हो आई। यह फिल्म, कहते हैं, धीरूभाई अंबानी के जीवन की कुछ झाँकियाँ-सी देती है। उनके जीवन की हूबहू कॉपी हो यह ज़रूरी नहीं। कहते ही हैं कि इस फिल्म में आए चरित्र और घटनाएँ काल्पनिक हैं और यदि किसी से कोई समानता है तो संयोगवश ही कही जा सकती है...सूचनाएँ कहती रही हैं कि 'गुरु' की पटकथा से लेकर उसके प्रदर्शन तक अंबानी घराने का हाथ कहा जाता रहा है।

हम भी सखा भाव में कह सकते हैं कि यह 'किंचित् समानता' और उसका संयोग सिर्फ 'संयोगवश' नहीं होगा। बहरहाल, सारी फिल्म तो आप परदे पर देखें और दिल के बदलने के फलसफ़े के बारे में सखा पूँजीवाद का 'अंबानी दर्शन' जानें।

यहाँ इतना सीन याद रखें कि आखिर में गुरु भाई पर पता नहीं कितने मामलों पर चार्जशीट लगती है, इन्क्वायरी बैठती है। इससे एक झटका लगता है फ़ालिज का। लेकिन दिल इस सबके बावजूद अपनी जगह रहता है। वह नहीं बदलता। वह सबसे आगे रहने, सबसे बड़ा घराना बनने के लिए आखिर तक बेताब रहता है। जब जाँच पूरी होती है और सज़ा सुनाने की बारी आती है तो अब तक पूरी जाँच में चुप बैठा रहने वाला गुरुभाई पाँच मिनट बोलता है और साढ़े चार मिनट में (पूरे आधे मिनट का 'मुनाफा' कमाते हुए) वह 'लाइसेंस परमिट राज' का मखौल उड़ाते हुए अपने ढंग के 'सखा पूँजीवाद' का फलसफ़ा बताता है।

वह कहता है कि क्या खड़ा होकर बोलने के लिए उसे परमिशन लेनी होगी? इस पर जूरी पानी-पानी हो जाती है। कहता है कि वो एक छोटा बनिया है और धंधा जानता है। उसकी कंपनी पब्लिक को अमीर करती है। वह तो हिंदुस्तान को 'थर्ड वर्ल्ड' नहीं 'फर्स्ट वर्ल्ड' करना चाहता है और आप लोग उसे नहीं करने दे रहे लेकिन वो आप लोगों से रुकने वाला नहीं है...

पब्लिक ताली बजाती है। जूरी आपस में बात करने लगती है और एक दार्शनिक सवाल करती है : ये 'ठग' है या इसकी बात में कुछ दम है? और फिर सारे आरोप असिद्ध हो जाते हैं। सिर्फ एक आरोप सिद्ध होता है : 'तिरेसठ लाख' से कुछ अधिक के टैक्स की हेराफेरी का।

बाद में गुरुभाई अपनी पब्लिक को कहता है : आओ अब बनना है फर्स्ट वर्ल्ड कंट्री।

आप चाहें तो सारी फिल्म को मनमोहनोमिक्स की तरह पढ़ें या इंदिरानोमिक्स की तरह पढ़ें। चाहें तो 'क्रोनी कैपीटलिज़्म' की तरह पढ़ें जिसके बारे में पीएम जी ने बड़ी चिंता ज़ाहिर की है।

अब तो जी हर जगह क्रोनी कैपीटलिज़्म ही है जो कैपीटलिज़्म के नाम पर चलता है। उसका हृदय होता ही नहीं।

तुसी की खाके बदलोगे जी?

जनसत्ता : 1 जून, 2007

पेरिस जल रहा है

फ्रांस के राष्ट्रपति अक्सर ही बात-बात पर मीडिया के बीच अपना चेहरा दिखाने के आदी थे, बच्चों को प्यार करना जिनकी आदत थी, वे मुँह छिपाए फिर रहे हैं। पेरिस के उपनगर जल रहे हैं और दशकों बाद फ्रांस ने आपात्काल घोषित करके कानून-व्यवस्था को बहाल करने की ठानी है। वह बहाल नहीं हो पा रही! दुनिया भर के पेरिस प्रेमी, राजनीतिवेत्ता हैरान हैं कि ऐसा क्यों है कि यूरोपीय सभ्यता का सबसे बड़ा प्रतीक पेरिस जल रहा है और उसका कोई हल पंद्रह दिनों तक नहीं नजर आया है।

सीएनएन, बीबीसी पर कुछ सीन दिखते हैं। पेरिस के दो उपनगर या कहें तो ग़रीब रिहाइशी इलाकों में हज़ारों कारें और घर जला दिए गए हैं। कर्फ्यू के बाद भी जलाए जा रहे हैं। प्रशासन का एक वर्ग मानता है कि यह सब इस्लामी आतंकवादी गिरोहों का काम है। कोई बिन लादेन का नाम भी ले ही आएगा। लेकिन प्रशासन का ही दूसरा तबका कहता है कि यह समाज की अनदेखी समस्या है जिसे देखना है। राष्ट्रपति शिराक ने कुछ ऐसा ही कहा है। हैरत इस बात पर होनी चाहिए कि पेरिस के इतने पास की समस्या को अपने को व्यक्त करने के लिए आगजनी और दंगे को चुनना पड़ा और तब आकर यूरोप के एक प्राथमिक मैट्रोपोलिटन समाज को सोचना पड़ा कि कहीं कुछ गड़बड़ है। दंगे स्कूलों में चले गए।

एक मामूली-सी दुर्घटना से शुरू हुए दंगों ने भीषण रूप ले लिया तो क्यों ले लिया? इस बात पर अब टिप्पणियाँ आने लगी हैं। फ्रांसीसी टिप्पणीकार अब तो इस बात पर ताज़्जुब कर रहे हैं कि ये पंद्रह साल पहले क्यों नहीं भड़के? लोग लिख रहे हैं कि अगर आप एक बड़ी आबादी को उपनगरों में गंदगी के

बीच बेरोज़गार रखेंगे, उसे मरने के लिए छोड़ देंगे तो यही होगा। जिस समाज में चालीस फ़ीसदी बेरोज़गारी होगी और फिर भी उन्हें कदम-कदम पर नस्ली भेदभाव का शिकार होना होगा, नौकरियों की जगहों पर उन्हें घृणा की नजर से अवांछित-सा माना जाएगा तो यही होगा। अगर आप शिक्षा पर खर्च एकदम कम कर देंगे, उसे महँगा कर देंगे तो यही होगा।

यह यूरोप के स्वर्ग फर्स्टवर्ल्ड का सच है। सच तो यह है कि फ्रांस अपने महान फ्रांसीसी राष्ट्रवाद में, कहें तो द गालवाद में, अपने आधुनिक केंद्रवाद में इस कदर घिरा है कि उसके हाशिए धीरे-धीरे अपने को अजनबी महसूस करने लगे हैं और यह एक दिन में नहीं हुआ है। एक दुर्घटना में किसी का मारा जाना दंगा नहीं बना करता, लेकिन अगर बनता है तो दुर्घटना एक प्रतीक की तरह आ गई कही जाएगी। वह एक सांस्कृतिक-राजनीतिक प्रतिरोध कही जाएगी।

दूसरे महायुद्ध के बाद से फ्रांस में नए विकास के लिए अपने पूर्व उपनिवेशों अल्जीरिया और दूसरे उत्तरी अफ्रीकी देशों से लोग बुलाए गए। ये ज़्यादातर अरब श्रमिक रहे, जिन्हें नगरों के किनारों की बस्तियों में जगहें दी गईं। इस तरह फ्रांस को उसके औपनिवेशिक अतीत ने पलटकर पकड़ लिया। उसमें उत्तर उपनिवेशी सक्रियता घुस गई। फ्रांस को अपने विकास के लिए सस्ता श्रम चाहिए था। उनके बिना उसका काम नहीं चला। इन्हें काम के लिए बुलाया गया, मगर इन्हें सफेद नस्ल के लोगों के साथ रहने नहीं दिया गया। इन्हें एकदम नगर के कूड़ेदानों की तरह बसाया गया।

इन दिनों दिखने वाली दंगाग्रस्त इलाकों की तस्वीरें इस बात का सबूत हैं कि वे एशियाई समाजों की झुग्गी बस्तियाँ तो नहीं हैं, लेकिन वे भारत की किसी अनधिकृत कॉलोनी की तरह बेतरतीब, बेसुविधा, बेनक्शा बनी हैं। उनकी इमारतें किसी तरह एक के ऊपर एक उठी हैं। टीन-टप्पर पड़े हैं, पॉलीथिन चादरें उड़ती हैं। जैसे अपने यहाँ बहुत-सी अनधिकृत कॉलोनियों में नज़र आती हैं।

जब दंगे फूट पड़े और कारें जलाई जाने लगीं तो फ्रांस के गृहमंत्री ने कहा कि इन कचरे के कीड़ों को वे साफ करके रहेंगे। रूढ़िवादी पार्टी के नेता

ऐसा ही नस्लवादी सोच रख सकते हैं। कीड़े-मकोड़े और कचरे की सफाई की बात करना क्या था? एक प्रकार की नस्ली सफाई। उत्तर अफ्रीकी लोगों की नस्ली सफाई। कुछ बदलकर यही मुहावरा देसी लोगों के जरिए गुजरात में बोला गया था। जाहिर है कि गृहमंत्री की ऐसी प्रतिक्रिया फ्रांस के जनतंत्र की पोल खोलकर रख देती है। उस मिथ को तोड़ देती है जो फ्रांस को लेकर बना है। प्रसंगवश, हिंदी के लेखक जिस फ्रांस का, जिस पेरिस का वर्णन करते रहते हैं उनके यहाँ ये गंदी बस्तियाँ नज़र नहीं आतीं। यदि उन्हें काले, इस्लामिक गरीबों की ऐसी हालत कभी पेरिस की शामों में नहीं दिखती तो उसका न दिखना भी बहुत कुछ कहता है।

अचरज नहीं होना चाहिए कि ये दंगे स्कूलों में फैले। कारण रहा, महँगी शिक्षा ने लोगों को स्कूलों से, कॉलेजों से बाहर कर दिया। वे सड़क पर रहे। एक शिक्षक ने कहा कि शिक्षा पर निवेश करना राष्ट्र की व्यवस्था पर निवेश करने के बराबर है जो न हुआ। हाँ इसमें भी जातीय, नस्ली भेदभाव हुआ।

इसीलिए ये दंगे सन् अड़सठ के छात्र विद्रोह से एकदम अलग हैं और अपनी सांस्कृतिक अस्मितामूलकता के लिए मानीख़ेज हैं। वे आर्थिक तंगी और बनाई गई गंदगी के परिणाम हैं। वे हाशियों में डाले जा रहे समाज का गुस्सा हैं । यह एक तरह से ग्लोबल चेहरा रखता है। एक दिन अमेरिका में भी फूट सकता है। इनमें यदि नस्ल और जातीय क्रोध के चिह्न आ रहे हैं तो स्वाभाविक है, क्योंकि वे जातीय और नस्ली दबावों और घृणा से बने हैं। वे सांस्कृतिक राजनीति से बने हैं।

अजीब बात है कि फ्रांस की आधुनिकता अपने समाज में सिर्फ़ एक राष्ट्रीयता को मानती है, फ्रांसीसी राष्ट्रीयता। यह उसी तरह है जिस तरह इस्लामी राष्ट्रों में एक ही राष्ट्रीयता–इस्लामी राष्ट्रीयता–को माना जाता है, अन्य को नहीं। यह अन्य का अस्वीकार है। यही केंद्रवाद है। वह अपने समाज में मौजूद जातीय या नस्लगत भेदों को अस्तित्ववान नहीं मानता, जबकि भूमंडलीकरण रोज इस अन्य के होने को बताता है, मिश्रण को संभव करता है। दरअसल, ऐसे मसले राष्ट्रवाद की नीतियों में दर्ज़ नहीं किए जाते। लेकिन यथार्थ में वे होते हैं और सक्रिय रहते हैं। फ्रांस में शिक्षा में, प्रशासन में इसी आधार पर भेदभाव बरता जाता है। वहाँ किसी सर्वे में कोई किसी की जातीयता नहीं पूछ सकता। ऐसा

करना ग़ैर-कानूनी है। फ्रांस की सत्ता नागरिकों में, कानून में कोई भेद नहीं मानकर भी जीवन में भेद को जगह देती रहती है।

फ्रांसीसी प्रशासन का कहना होता है कि जब कोई फ्रांस आता है तो उसे अपनी संस्कृति, उसके तमाम चिह्न अपने देश में छोड़ आने होते हैं। यहाँ सिर्फ फ्रांस फ्रांस चलता है। यह नवराष्ट्रवाद है जबकि ब्रिटेन ने नीति के स्तर पर इससे उलट अपने यहाँ बहुसांस्कृतिकता को मान्यता दी है। अलग-अलग समूहों की जगह को व्यवस्थाएँ दी हैं। वह पहचानों को जगह देता है। फ्रांस के स्वर्ग में यह भेद कितना भयानक है इसे देखने के लिए यह जान लें कि एक ही योग्यता के फ्रांसीसी नाम वाले आदमी को पचहत्तर साक्षात्कार-पत्र मिल सकते हैं जबकि उसी योग्यता वाले किसी अल्जीरियाई नाम के अब्दुल को कुल चौदह अवसर मिल सकते हैं। अब सब कह रहे हैं कि फ्रांस की वर्तमान समस्या की जड़ में उसका जातीय पहचानों को न पहचान पाना है। उस समाज में इनके लिए कोई जगह नहीं बनाई गई। यह उसी का विस्फोट है।

अस्मितामूलक सवालों को देखकर कहा जा सकता है कि समस्या के कुछ सूत्र फ्रांस के उन उत्तर-आधुनिक चिंतकों में मिलते हैं, जिन्होंने आधुनिकता के केंद्रवाद को समस्यामूलक मानकर विकेंद्रण की वकालत की थी। इनमें उत्तर-आधुनिकता की व्याख्या करने वाले फ्रांसुआ ल्योतार, विखंडन को दार्शनिक आधार देने वाले देरिदा और अस्मिताओं को बारीकी से समझने वाले फूको प्रमुख रहे। मिशेल फूको ने तो धार्मिक जातीय समूहों के सेकुलर विमर्श तक की बात की, जिसमें पहचानें अलग रहें तो भी समाज सेकुलर बना रहे। लेकिन फ्रांस ने इनकी अनसुनी की। आप जरा इन दंगों को अड़सठ के छात्र आंदोलन से मिलाकर देखें। वह छात्र आंदोलन दूसरे महायुद्ध के बाद नई पीढ़ी की आजादी और उपभोग की माँग का परिणाम था। द गाल को उसी ने संकट में डाला था। द गाल का राष्ट्रवाद अब बेकार हो गया था।

लेकिन कोई सैंतीस साल बाद उन हाशियाकृत युवाओं ने अब आकर हरक़त की है जो कहती है कि असल बात हमारी ग़रीबी है, उपभोग भी है। किसी

बौद्रीआई जादुई छलना को काटते हुए एक प्रकार से उन्होंने चिह्नों के अर्थशास्त्र को मृत्यु तक खींचा है। उन्होंने कारें जलाई हैं। घर जलाए हैं। वे घर जो संपन्न रहे, वे कारें जो चमकीली रहीं। ताकत का प्रतीक रहीं। बहुत दूर तक यह उपभोग के दुर्गों और उपभोग से वंचित कर दिए गए लोगों के बीच का तनाव भी है। इस तरह यह आधुनिकता के अति केंद्रवाद के बरक्स किनारे कर दी गई ज़िंदगियों का उपद्रव भी है। बदला भी है।

ये विकेंद्रित बस्तियाँ उत्तर-आधुनिक किनारे हैं जो प्रतिरोध करते हैं। यही उत्तर-आधुनिकता की, प्रतिकारात्मकता है। यह फ्रांस में पंद्रह साल पहले हो सकता था हुआ जिसने राष्ट्रवाद के अहसास को जला डाला है। इससे एक ओर अंधराष्ट्रवाद, सफेद नस्लवाद पनप सकता है तो दूसरी ओर बहु सांस्कृतिक जनतंत्र का विकास हो सकता है। बहु-सांस्कृतिकता अंतिम उत्तर न होते हुए भी फ्रांस के पास एक विकल्प की तरह कही जा रही है कि उसे इस ओर जाना होगा। यही बात ल्योतार ने कही थी जब उन्होंने कहा था कि प्रतिनिधान से बाहर कर दिए गयों का प्रतिनिधान ही असली बात है। किनारों की आवाज़ ही असल आवाज़ है। यही बौद्रीआ ने कहा जब वे उपभोक्ता समाज में उपभोग के अजनबीपन पर बात कर रहे थे और उपभोग को अंततः एक मृत्यु की तरह बता रहे थे।

अजीब बात है कि ल्योतार आदि की बातें, फूको की बातें, अस्मितामूलक विमर्शों के निर्माण की बातें, देरिदा की अर्थबहुलता की बातें, फ्रांस की सत्ता ने सबसे कम सुनीं, जबकि उनसे समाजशास्त्र और दर्शन बदल गए। देरिदा के अर्थबहुल जनतंत्र की बात भी पेरिस में ही बनी। क्या यह कथित असामाजिक उत्तर-आधुनिकता का 'सामाजिक' है? जी हाँ। 'सोशल जस्टिस इन द एज ऑफ आइडेंटिटी पॉलिटिक्स' नामक लेख में नांसी फ्रेज़र ने लिखा है : साम्यवाद के ह्रास, मुक्त बाज़ार की विचारधारा की व्याप्ति और अस्मितामूलक राजनीति इन तीनों ने अपने प्रगतिशील और रूढ़िवादी रूपों के जरिए एक बार फिर न्यायमूलक सामाजिक वितरण के सवाल बड़े किए हैं। संपदा का पुनर्वितरण, पुनःपहचान और हिस्सेदारी ही नए समय की सामाजिक संरचनाओं के विकल्प हो सकते हैं।

नए पूँजीवादी बाज़ार ने समाजों की संरचनाओं में कुछ बुनियादी तत्त्व बनाने आरंभ कर दिए हैं जिन्हें कोरे चीत्कार-फूत्कार से नहीं समझा जा सकता। इसमें

पुनः मार्क्सवाद का नया संस्करण ही काम दे सकता है जिसमें आर्थिक संकट के साथ सक्रिय अस्मितामूलक सांस्कृतिक विमर्शों को भी पहचानने की जगह हो जो किसी केंद्रवादी तड़प की जगह विकेंद्रण के लिए भी जगह बना सके, जो अपने महावृत्तांती स्वभाव की जगह लघुवृत्तांती रूप को देख सके क्योंकि हर छोटे वृत्तांत में भेद सक्रिय है और इस तरह से द्वंद्व सक्रिय है, लेकिन उसकी परिणतियाँ अर्थबहुल हैं। अनेकमुखी द्वंद्वों को देखना नए मार्क्सवाद का एक बड़ा काम है।

जनसत्ता : 16 नवंबर, 2005

समाजवाद बबुआ बाज़ार से आई

एफडीआई सीमा बढ़ाने के बवाल पर वामपंथी दलों की प्रतिक्रिया उम्मीद के अनुरूप ही रही। वे मिले, वे नाराज हुए। कहा, विरोध करेंगे। लेकिन सरकार को नहीं हिलाना चाहेंगे। जबकि मीडिया ने लिखा, वे दबाव डालेंगे। ख़बर आई कि वे सीधे विदेशी निवेश की सीमा को बढ़ाए जाने को ख़तरनाक मानते हैं। संचार के क्षेत्र में बढ़ाने से देश की संप्रभुता को ख़तरा हो सकता है। बीमा क्षेत्र में ज़्यादा छूट देने से बीमा क्षेत्र की देसी संरचनाओं पर बुरा असर पड़ सकता है। नागरिक उड्डयन को खोलने से भी यही हो सकता है इत्यादि। उधर कांग्रेस और वित्त मंत्री चिदंबरम की प्रतिक्रिया स्पष्ट बताती है कि वे बहुत पीछे हटने वाले लगते नहीं। कांग्रेस मामले को ज़्यादा हवा देना नहीं चाहेगी। वह एफडीआई के मसले पर पिछली सरकार को राज्यसभा में मदद दे चुकी है। अब उसे उम्मीद है कि इसी मसले पर भाजपा भी उसे मदद ज़रूर देगी।

एफडीआई की सीमा बढ़ाने के मसले पर भाजपा भी इतना साहस नहीं दिखा पाई जितना चिदंबरम ने कर दिखाया। वे साफ कह रहे हैं कि वे पीछे लौटने की स्थिति में नहीं हैं। ज़्यादा-से-ज़्यादा यत्किंचित विचार किया जा सकता है। वामपंथी ट्रेड यूनियनों के नेता प्रकटतः ज़्यादा उग्रता से बोल रहे हैं, लेकिन यह सब जानते हैं कि वामपंथी दल सरकार के विरोध पक्ष के क्षेत्र को ही भर सकते हैं। इससे ज़्यादा उनकी भूमिका नहीं दिखती। बजट के कुछ प्रावधानों और व्यवस्था ने जता दिया है कि यूपीए के एक रैडिकल हिस्से की तरह वामपंथी दल यदि कुछ विपक्ष बनाते हैं तो वे बना सकते हैं। सरकार को चलना है। उनकी धौंसपट्टी में आना नहीं है। हाँ, कांग्रेस स्वयं अपने ढंग की मिश्रित व्यवस्था को बनाए रख सकती है। कृषि ऋणों को कुछ बढ़ाना, कुछ आसान कर देना, बेरोज़गार लोगों को थोड़ा लॉलीपॉप दिखाना, शिक्षा के क्षेत्र में थोड़ा बजट बढ़ा देना आदि ऐसे अनेक

लोकप्रियतावादी पहलू हो सकते हैं, जिन्हें वामपंथ अपने मुद्दे मानता है। इन्हें मानकर कांग्रेस स्वयं रैडिकल छवि पाने की कोशिश कर रही है। लेकिन आर्थिक उदारीकरण के मूलभूत मुद्दों पर कांग्रेस बदलने नहीं जा रही है। कहीं-कहीं वह ज़्यादा साहसी कदम भी उठा सकती है। ऐसे में वामपंथी दल कुछ बयानबाजी करेंगे या चीख़-पुकार करेंगे तो यह अंततः भाजपा के विपक्ष के क्षेत्र को भरकर करेंगे। इससे ज़्यादा वे नहीं कर सकेंगे।

सरकार चले। भाजपा दरवाजे से बाहर रहे। यह वामपंथी ज़रूरत है। यह वामपंथी दलों की सीमा है। यह मज़बूरी के रूप में सामने आ रही है। आने वाले दिनों में और भी आएगी। इससे वामपंथी दलों के प्रभाव क्षेत्रों में समस्याएँ बढ़ेंगी। उनके अंतर्विरोध बढ़ेंगे। कांग्रेस जानती है। बाद का बजट परिदृश्य वामपंथी दलों को दो तरह से फोकस में ले आया है। वे बजट के जनहितकारी सुझावों के पैरोकार की तरह दिखे हैं। वे सरकार के परम विपक्ष की तरह भी दिखे हैं। लेकिन वामपंथी दलों, खासकर सीपीएम की दुविधाएँ बढ़ी हैं। उसके जनाधार में तनाव पैदा हुए हैं, जो उसकी प्रतिक्रिया बने हैं। उसकी समस्या यह है कि सरकार का समर्थन करते हुए वह उसके रैडिकल विपक्ष की तरह भी दिखे। यह राजनीति की हठयोगी साधना है। काँख भी ढंकी रहे, मुट्ठी भी तनी रहे। धूमिल की कविता की ये पंक्तियाँ वामपंथ की एकल शैली बताती हैं। वामपंथी दलों के लिए यह सरकार एक अवसर है तो यह एक समस्या भी है। वे इसे अवसर की तरह इस्तेमाल करना चाहते हैं। भाजपा के शासन के दोषों को दूर करना, उन पर नियंत्रण करना, उनकी प्रमुख चिंता है।

मानव संसाधन विकास मंत्रालय इसका एक उदाहरण है, जहाँ अर्जुन सिंह उदार बुर्जुआवादी नज़रिए और प्रगतिशील नज़रिए से निकटता स्वीकार कर रहे हैं। यहाँ कांग्रेसी नजरिए और प्रगतिशील नज़रिए के बीच मित्रता को पढ़ा जा सकता है। यह राजनीति का बहुत नरम क्षेत्र है, थोड़ा पैसा है, जगह है घुसने के लिए! बहुत सारे एनजीओ खेल हो सकते हैं। वामपंथी बुद्धिजीवियों की प्रतिक्रियाएँ बताती हैं, कि वे इस अवसर की ताक में थे। यहाँ बहुत सारी नियुक्तियों के दरवाजे हो सकते हैं। कमेटियाँ हो सकती हैं। अर्जुन सिंह चतुर सुजान हैं। कांग्रेस में सबसे कुशल प्रशासक रहे हैं। बुद्धिजीवियों में उदारतावादी छवि वाले हैं। वामपंथी उन्हें अवसर की तरह देखते हैं। ये प्रतिनिधिमंडल ले जाते हैं, वे गर्दन हिला देते हैं। इस सबकी एक हद है। हद होगी। यह बहुत जल्द सामने आएगी। इस चक्कर में अनेक वामपंथी ठिकाने लग जाएँगे। वे एनजीओ हो जाएँगे। अवसर अवसरवादी बनाएगा।

वामपंथियों में मार्क्सवादी पार्टी सबसे बड़ा दल है। उसकी समस्याएँ उसी अनुपात में बढ़ी हैं। एक वर्ग सरकार को उस तरह का अवसर नहीं मानता, जिस तरह उदार धड़ा मानता है। मार्क्सवादी पार्टी को संयुक्त फोरम चलाने का सबसे लंबा अनुभव है। 1967 की पश्चिम बंगाल की पहली मोर्चा सरकार में मार्क्सवादी पार्टी ने जो रोल अदा किया, वह संसद से बाहर और भीतर दोनों स्तर पर सक्रिय होने का था। सरकार पर भीतर दबाव डालकर जनता के बीच आंदोलनों के ज़रिए दबाव डालने की नीति ने उन्हें पश्चिम बंगाल में ताकतवर बनाया। वे संसदीय जरिए से जनाधार बढ़ा सके। जनाधार बढ़ाकर संसदीय ताकत बढ़ा सके। क्या वे केंद्र के स्तर पर ऐसा कर सकेंगे? ऐसा संभव नहीं दिखता। न यह वह कांग्रेस है, न भाजपा के लौटने का ख़तरा कम हुआ है, और जनाधार लगातार सीमित हुआ है। पिछले दस-पंद्रह साल से मार्क्सवादी पार्टी और अन्यत्र वामपंथी दल एक भी ऐसा निर्णायक आंदोलन नहीं करवा पाए हैं, जिसका असर केंद्र तक आया हो। उधर चीन के पूँजीवादी प्रयोग उन्हें तर्क बाधित करते हैं और उनके प्रिय राज्य समाजवाद की परिकल्पना को धुँधलाते, कमजोर करते हैं। कहने की ज़रूरत नहीं कि वामपंथ नई स्थिति में विचारात्मक सुस्पष्टता और आक्रामक नीतियों की असंभवता के दोहरे भँवर में फँसा है। कांग्रेस के घाघ जानते हैं, इसीलिए कामरेड थोड़ा चीख़-पुकार करने के लिए स्वतंत्र हैं। वे चाहें तो पुरानी सीपीआई की तरह दोगाना गा सकते हैं और अंत में वर्तमान की सीपीआई वाली गति को प्राप्त हो सकते हैं। हाँ, एक 'सोशल डैमोक्रेट' की भूमिका अभी भी है। सोशल डैमोक्रेसी अभी दाँव पर है। गोरख पांडे की पंक्तियाँ थीं, 'समाजवाद बबुआ धीरे-धीरे आई' इसे संशोधित करके कहा जा सकता है 'समाजवाद बबुआ बाज़ार से आई।'

पार्टनर तुम्हारी नीति क्या है?

हिंदी के कवि मुक्तिबोध साहित्यकार की भूमिका के संदर्भ में अक्सर दो सवाल पूछा करते थे :

पार्टनर तुम्हारी पॉलिटिक्स क्या है? और 'तय करो किस ओर हो तुम!' हम भी जरा पूछ लें कि हे हिंदी के साहित्यकार, कवि, कथाकार, तुम्हारी पॉलिटिक्स क्या है? मनमोहन सिंह, चिदंबरम की नई आर्थिक नीतियों पर क्या राय है? रिजर्वेशन पर क्या सोचते हो? फ़ना फिल्म के गुजराती-वध के बारे में क्या लाइन है? मेधा पाटकर के नर्मदा बचाओ आंदोलन के बारे में क्या कहना है?

भाई क्या राय है कि चीन की कम्युनिस्ट पार्टी अपने यहाँ बहुराष्ट्रीय निगमों का लाल कालीन बिछाकर स्वागत कर रही है? मार्क्सवाद में पूँजीवाद का पानी ही नहीं मिला रही है, समूचा गंदा नाला खोल दिया जा रहा है और पार्टियाँ नाक बंद कर डुबकी मार रही हैं? वैज्ञानिक समाजवाद के रोडमैप में कहाँ गड़बड़ हुई?

बताओ कि प्रमोद महाजन की हत्या और उनके पुत्र के कोकीन सेवन पर तुम्हारी क्या राय है? ज्ञान आयोग के बारे में कुछ जानते हो? क्या तुम बता सकते हो वामपंथी दल अखिल भारतीय हड़ताल का आह्वान करते हैं, लेकिन कोलकाता में हड़ताल नहीं होने देते? ऐसा क्यों है कि माकपा केंद्र की उन्हीं नीतियों का विरोध करती है, जिन पर कोलकाता में अमल करना चाहती है? अच्छा ऐसे संदर्भित जटिल सवाल आईएएस छात्रों या पत्रकारों के लिए छोड़ देते हैं। आप साहित्यकार ठहरे। बोर हो गए होंगे। आपसे आपकी कविता-कहानी पर बात न करके यह टुच्चा टिप्पणीकार पता नहीं कहाँ की राजनीति घुसेड़ रहा है? अरे, साहित्य में राजनीति कोई सीधे आती है? साहित्यकार राजनीतिक टिप्पणीकार नहीं होता। वह तो यथार्थ को जीवन के अनुभवों को लिखता है। तो यही बताइए कि आपकी कविता-कहानी

में ये जो उलझा हुआ जीवन है, यह किस तरह से आया है? क्या उसमें नए उपयोगी ज्ञान का निर्माण हो रहा है? ज्ञान की आँधी का परिचय मिलता है? अच्छा कुछ कम तकलीफ़देह बातें की जाएँ? बताइए कि राखी सावंत के चुंबन-कांड में राखी किस स्त्री-विमर्श का निर्माण कर रही है? जेसिका लाल मर्डर कांड में आप किधर खड़े हैं?

आप इतने तुष्ट, इतने नितांत निजी और स्वार्थी किस तरह हो सकते हैं, जबकि समाज में आधी जनता ग़रीबी में हो, अशिक्षित हो उससे भी ज़्यादा लोग कुपोषण और बीमारियों के शिकार हों? अच्छा चलिए एड्स के बारे में आपका क्या ख़याल है? जल-संकट के बारे में क्या कहना है? मानवाधिकार क्या है? नगरीकरण की समस्याएँ क्या हैं? विकास का नक्शा क्या है? क्या चालू नीतियों के विकल्प में कोई वैकल्पिक सपना आपके पास है? या वही एक-दो चुराई हुई, लातीनी अफ़्रीकी वेक पोलिश कवियों की लाइनों वाली कविताएँ, कहानियों की थीम और पुस्तक समीक्षाएँ हैं, जिनमें हर रचनाकार ग़ालिब-मीर-टैगोर और प्रेमचंद का बाप नजर आता है। आप इन सबके बाप!

सोचें आपने कितने दिन से कोई विचारधारात्मक बहस नहीं की। आपस में एकदम बे-लिहाज़ होकर किसी जीवन-तत्त्व की खोज़ के लिए किसी विचार को बनाने के लिए नहीं उलझे! आपकी नींद नहीं उड़ी?

बताइए सोवियत संघ क्यों टूटा? सत्तर साल में समाजवाद क्यों गायब हो गया? प्रगतिशीलो! तुम तो बता दो? तुम्हारी तो यात्राएँ नित्यप्रति होती थीं। बात क्या हुई? समाजवादी मानव की बच्चियाँ इन दिनों जनपथ और पहाड़गंज के होटलों में देह-व्यवसाय में क्यों वहीं से ज़्यादा आ रही हैं? आप तो हर वक्त अपनी प्रिय पुस्तकें गिनाते रहते हैं। ज़ाहिर है, प्रिय है तो पढ़ते-गुनते होंगे? लेकिन क्या आपने ल्योतार का कोई ग्रंथ पढ़ा, जिसने उत्तर-आधुनिक ज्ञानात्मक प्रस्थापनाओं की बात की, जो आज आँधी की तरह आ रही हैं? क्या आप देरिदा फूको के लेख या ग्रंथ पढ़ते हैं? क्या आपने अर्थशास्त्र और समाजशास्त्र में आ रहे बहुत से परिवर्तनों को जाना है? सबाल्टर्न क्या बला है? अस्मिताएँ क्या हैं? नव्य इतिहास क्या है? स्त्रीत्ववाद क्या है? अच्छा आप मोबाइल के मैसेज डिलीट कर पाते हैं? एसएमएस आसानी से भेज पाते हैं? आप कितनी देर कंप्यूटर का उपयोग करते हैं? जिस हिंदी पर आप गर्व करते ही हैं, उसे कितने जन अपनी मातृभाषा कहते हैं?

आप कहेंगे कि ये आदमी क्या मास्टरी झाड़ रहा है, मगर मेरे भाई, अगर हमारा अपना ज्ञानात्मक स्तर किसी नए स्पर्धा के बाज़ार में उतर रहे कंपिटीटिव

युवा से कमतर है, तो यकीन करें आप जीते-जी ख़त्म हो रहे हैं। मामला अब साहित्य का होते हुए भी साहित्य का नहीं है। वह समग्र है, ग्लोबल है और माँग करता है कि तू ये कर, तू वो पढ़, तू ज्ञान प्राप्त कर! सिर्फ़ अपनी अनुभूति के चक्कर में मत रह! तब क्या ऐसा सुझाव देना गलत होगा कि कविता-कहानी आदि कुछ बरसों के लिए मुल्तवी कर दें! नए ज्ञान पर विचार कर, उससे अपने नए का निर्माण करें?

याद रखें कि ज्ञान बिना मुक्ति नहीं है। तो हे बिरादर! हे पार्टनर! ज्ञान की आँधी में अपनी भ्रम की टाटी उड़ने दे, तभी ज्ञान का प्रेमजल बरसेगा।

हिंदुस्तान : 18 जून, 2006

❑❑❑